シリーズ 比較文化学への誘い ①

比較でとらえる世界の諸相

山田孝子・小西賢吾 編

英明企画編集

刊行にあたって
比較を通じた異文化理解の旅へ

　今日、経済活動は国境を越えて、よりグローバルに展開しています。このグローバル時代にあって、多くの異なる民族間で、服装や食など表層的には文化の違いが少なくなりつつあると感じる一方で、深層的にはやはり違いは大きく、世界各地で民族の違い、文化・宗教の違いによる衝突をみることも多くあります。

　国内に限定された経済活動だけでは生き残れない日本社会において、世界の地域・民族が長い歴史的過程のなかで育んできた文化の深層についての理解は、21世紀の世界情勢に対応するためには欠かせません。さらなるグローバル化の進展が予測されるなかで、そうした異文化（他者）の知識と捉え方を身につけて多文化共生を担う人材の育成は急務といえるでしょう。

　比較文化学は、文化人類学のみならず、地域研究、宗教学、社会学、文学、言語学など、多様な視点から文化の比較をめざす学際的な領域です。本シリーズ「比

　較文化学への誘い」は、文化とは何か、民族とは何かを理解し、文化を相対化するまなざしを身につけ、他者(異文化)理解を深める比較文化学の入門書です。
　本書はシリーズの第1巻として、①比較文化学の魅力と可能性、②グローバル時代における比較文化学の方法論、③21世紀に地方から世界を問うあるいは世界から地方を問うまなざしを体得する意義について考えています。
　本書を手にするみなさんには、比較から世界の諸相をみる座談会や論考をとおして、文化についての情報整理と多様性尊重、複数地域をみる視点や世界的な動きを意識する必要性を理解して、異文化について学びを深めていただきたいと考えています。そこで得られる文化の違いを超えた理解が、自己をとらえなおし互いを認めあう態度、つまり異文化に向き合い共存するための姿勢の体得につながることを願っています。

編者　山田孝子

比較でとらえる世界の諸相　目次

刊行にあたって **比較を通じた異文化理解の旅へ**……… 2
山田 孝子

本書でとりあげる世界の地域と文化 ……………… 6
本書でとりあげる日本の地域と文化 ……………… 8

座談会 I　**比較文化学とは何か**
その学問的性格と魅力、豊かな可能性 ………… 9
池谷和信＋川村義治＋小西賢吾＋アヒム・バイヤー＋
本康宏史＋山田孝子

論考　**人類学調査の遍歴から考える
比較文化学の可能性** ……………………… 25
山田 孝子

1　人類学から比較文化学を問う
2　コミュニティを総合的に捉えることの大切さ
3　比較研究への素地を作った最初のフィールド調査
4　比較民族植物学研究への展開
5　「ことば」から読むアイヌの世界観
6　文化復興運動、民族性、伝統の連続性の研究から
7　ヒトの集団が存続し得るための文化を考える
　　──人類学がもたらす比較文化学への貢献

論考　**「道しるべ」としての比較文化学**
複数の文化を生きつづけるために ……………… 45
小西 賢吾

1　そもそもなぜ文化を比較するのか
2　親近感と違和感のはざまで
　　──チベット社会、ボン教徒のフィールドワーク経験から
3　あなたとわたしをつなぐために

座談会 II　**グローバル時代における比較文化学の方法論**
飛び込む、考える、問い直す ……………… 53
池谷和信＋川村義治＋小磯千尋＋小西賢吾＋
アヒム・バイヤー＋本康宏史＋山田孝子

論考　**文化人類学的手法を用いた比較文化学**
他文化に学び自文化を見つめ直す営み ……… 75
ジェームス・ロバートソン

1　ジャマイカでのフィールドワークから
2　日本の中小企業を対象とするフィールドワークから
3　沖縄でのフィールドワークから
4　比較文化学がもたらす解釈学的循環

論考 匂いの比較文化学的アプローチ ……… 85
小磯 千尋
1 匂いの個人体験
2 インド人の好む匂い
3 日本人の好む匂い
4 インドと日本における匂いの比較

論考 日英語の比較入門
認知の違いはどこからくるか ……………… 95
川村 義治
1 言葉の研究における「認知」的アプローチの興隆
2 〈事態〉の切り取り方──〈人間中心〉対〈状況中心〉
3 〈事態〉の切り取り方──〈名詞中心〉対〈動詞中心〉
4 因果関係の捉え方
5 言葉のむこうに

座談会 Ⅲ **21世紀に金沢で比較文化学を学ぶ意味と意義**
地方から世界を、世界から地方を問う姿勢を
体得する…………………………………*103*
池谷和信+川村義治+小磯千尋+小西賢吾+
アヒム・バイヤー+本康宏史+山田孝子

論考 京・江戸・金沢
比較文化史の視点で解き明かす「加賀百万石」… 119
本康 宏史
1 金沢は「小京都」か「小江戸」か
2 「小江戸」と「百万石」
3 比較文化史という方法
4 「記憶」としての「加賀百万石」

あとがき ……………………………………… *128*
山田孝子・小西賢吾

写真クレジット ……………………………… *129*

索引──比較文化学の世界への入り口 …………… *131*

編者・執筆者一覧 ……………………… *140*

| **7** タンザニア |
| **8** ロシア |
| **9** シベリア サハ共和国 |

| **1** ドイツ |
| **2** イギリス |
| **3** ノルウェー北部 フィンマーク地方 |

サーミによるトナカイの放牧

| **4** エジプト |
| **5** ケニア |
| **6** コンゴ民主共和国 |

水を運ぶニンドゥ

シャマンによる儀礼

| **10** トランス・ヒマラヤ ラダック |

僧院での祭り

| **11** インド |

儀礼用の花売り

| **12** チベット |

ジー・ビーズ

| **13** ネパール |

カトマンズの人力車

| **14** ブータン |

タクツァン僧院

本書でとりあげる 世界の地域と文化

15 モンゴル

16 中国四川省

ボン教徒の住むシャルコク地方

19 パプア・ニューギニア

20 アメリカ

23 エクアドル

17 韓国

観光地でもある仏教寺院

21 メキシコ

ビーズが施された仮面

24 フィジー

儀礼等に使われるクジラの歯

18 ミクロネシア プンラップ島

島間の交流会での踊り

22 ジャマイカ

マンデビルの市場

25 ペルー

本書でとりあげる
日本の地域と文化

1 北海道

ポロトコタンの茅葺の家チセ
〈白老町〉

2 富山県

3 石川県／金沢市／旧白峰村

ひがし茶屋街〈金沢市〉

近江町市場〈金沢市〉

金沢駅の鼓門

4 福井県

5 東京都

原宿駅前〈渋谷区〉

6 滋賀県

7 京都府

8 大阪府

9 高知県

10 山口県

11 沖縄本島

12 沖縄先島諸島

錦市場〈京都市〉

有用植物テリハボク〈鳩間島〉

国際通り〈那覇市〉

8

座談会 I

比較文化学とは何か
その学問的性格と魅力、豊かな可能性

●参加者●
池谷和信／川村義治／小西賢吾／
アヒム・バイヤー／本康宏史／山田孝子

比較文化学とは、文化人類学や地域研究、歴史学、宗教学、言語学、文学
などの知見を活かし
各地・各集団の文化について考える分野横断的な学術領域です。
それは他者のことを深く理解し、互いに存在を認めあい
世界の人びとがよりよく暮らす方策を学ぶ営みでもあります

山田孝子●比較文化学は文字通り、世界各地の「文化」を「比較」し、理解する学問だと定義できますが、同じような目的をもつ学問分野の一つに文化人類学[1]があります。文化人類学には、20世紀はじめの誕生以来、文化を比較し、相対化してその本質を明らかにすることを目的に、世界各地の文化を研究してきた蓄積があります。また近年では、カルチュラル・スタディーズ[2]という、文化人類学とは少し異なる立場でとくに現代文化について考える分野も生まれてきました。

　これから比較文化学を学ぶみなさんにとっては、文化人類学やカルチュラル・スタディーズと比較文化学とは、どこが同じでどこが違うのか、その差がわかりづらいかもしれません。まずは比較文化学と他の学問分野との共通性や違い、関係性を明確にして、その学問的魅力と可能性について考えたいと思います。

文化人類学とカルチュラル・スタディーズ、民俗学の共通点と相違点

流動的現代をとらえるカルチュラル・スタディーズ

川村義治●私はカルチュラル・スタディーズと聞くと、その代表的な理論家の一人であるスチュアート・ホール[3]の出身地である

---

[1] 1902年にアメリカ人類学協会（American Anthropological Association）が設立されたのに端を発し、世界各地の固有の民族文化を比較し、「文化とは何か」の解明を主課題として誕生。B・マリノフスキーによる1910年代のトロブリアンド諸島調査研究以降、長期間にわたり現地の人びとと行動をともにし、その生活を観察するという「参与観察」（註14参照）が基本的研究手法として確立された。B・マリノフスキー［2010］を参照。

[2] バーミンガム大学英語学の教授リチャード・ホガート（Richard Hoggart）が1964年にバーミンガム大学現代文化研究センター（Birmingham Center for Contemporary Cultural Studies）を「大衆文化」の研究を目的に設立したのが契機となり、進められてきた研究。文芸批評、社会学、歴史、人類学などの分野横断的アプローチをとるが、センターの設立趣旨にあるように、「高級文化」ではなく、「大衆文化」を研究の対象としてきた点に特徴がある。

[3] ジャマイカ生まれのイギリス人で、バーミンガム大学現代文化研究センターの第2代センター長となり、カルチュラル・スタディーズの代表的理論家として、研究を牽引してきた。ホール／ドゥ・ゲイ［2001］を参照。

こともあって、なんとなくカリブのイメージが浮かびます。カリブ海の諸島では、言葉や音楽などに、欧米人やアフリカ系の人びとが持ち込んだ文化と先住民の文化とのある種のまじりあいがみられる。そういった現実に存在する文化を研究するという印象がありますね。

山田●文化人類学はもともと「未開社会」の伝統文化を対象としてきたため、どうしても伝統にこだわってしまう研究姿勢がみられます。カルチュラル・スタディーズは、こうした伝統文化研究としての文化人類学への一種の反論 (抵抗) として登場してきたといえます。

　その背景には、伝統社会を対象とするだけでは語ることができない、現代における流動的でまじりあった文化環境の出現があると考えられます。とくにカリブ海諸島や現代の都市のように、さまざまな伝統や文化がまじりあった地域をどのように理解するのか。そこではポップ・カルチャーもサブカルチャーもどんどん生まれてきている。こうして伝統文化研究では語り得ないもの、そこから抜け落ちたものを現代的に問い直すというかたちで、カルチュラル・スタディーズという分野が登場してきました。そこでは現代において生み出されるさまざまな新しい現象を、話題提供的に研究している印象を受けます。

川村●たしかにポピュラー音楽研究などのイメージもありますね。言葉にしても、現代の流動的な状況下では、従来の文法にとらわれない言葉の使い方が生まれています。英語やフランス語でもピジン言語 (接触言語)[4]が出てくることもある。興味深いですね。

山田●現代におけるグローバル化や流動化などの多様な状況変化に対して、文化人類学と比べてカルチュラル・スタディーズのほうがより現状把握に努めているという言い方もできると思います。

---

[4] 母語を異にする人びとが相互理解のために習慣的に用いる言語をリングア・フランカ (lingua franca) といい、タンザニアやケニアで話されるスワヒリ語、英仏植民地で話されるピジン＝クレオール語 (pidgin-creole languages) などがある。もととなっている言語が他言語との接触により著しく変容したものをピジン語といい、ピジン語がその地域の集団の母語となったものをクレオール語という。

本康宏史●たしかにイメージとしてはそうですね。現代風俗などを研究対象にしている。

山田●しかし、カルチュラル・スタディーズが現代的な現象を研究対象とするなかで、一つの研究分野として具体的な方向性を明確に提示できているのかについては、まだ十分には議論されていない印象を私は受けています。

山田●文化人類学においても、伝統社会からの知見だけで文化を語ることがあり得ない時代のただなかにあって、どう展開すべきかは大きな課題となっています。American Anthropological Associationという世界最大の人類学の学会がありますが、2009年の年次大会のテーマは、「アンソロポロジーの終焉 (The End/s of Anthropology)」でした。人類学自体も混迷の時代に入ったといえます。

川村●文化人類学が誕生したときには、欧米の研究者にとって未知の先住民が世界にたくさんいて、新たな民族との出会いもあったけれど、現代ではそれがなくなったという意味ですか。

山田●新たな出会いがなくなっただけではなく、世界のあらゆるところにグローバルな多国籍企業が進出して、どこにでもさまざまな「モノ」が行きわたっています[5]（写真1、2）。買える・買えないについてはもちろん個人差がありますが、およそなんでも手に入るようになっているでしょう。

　たとえばパプア・ニューギニアの首都ポートモレスビーで撮影されたテレビのドキュメンタリー番組では、近代的なビルが建ち並び、フライドチキンなども手に入るようすを映していました。かつて売られていた缶詰などではなく、都市部では簡単に「テイクアウト」の食品が手に入るようになっている。そうなると、農村部の人びとの自給自足的な伝統的生活そのものも変わってきますよね。

---

[5] たとえばインドでも、1990年代後半になると外国資本の店が進出している。ピザハットは1995年、マクドナルドが1996年に店を構えるまでになる。

終焉か転換か──
さまよう
文化人類学

▲写真1〈上左〉
インドに進出した
マクドナルド
2009年6月時点で世界の118の国と地域に約3万店が進出している

◀写真2〈上右〉
マクドナルドの店内の但し書き
牛肉および牛肉製品が提供されていないこと、全製品が100%の植物油を使用して製造されていることなどが書かれている
〈写真1、2ともにインドのプネー〉

川村●たしかに、それまでにない「モノ」が入ってしまっているわけですから、影響を受けて確実に変わるでしょうね。

山田●もう一つ重要な点は、どの地域も国家体制のなかにあるということです。国家というのは、さまざまな目的のもとに先住民の生活圏に介入する政策をとります。古くには、たとえば1978年に、ノルウェー政府水資源・エネルギー理事会 (Norwegian Water Resources and Energy Directorate) によって、ノルウェー北部フィンマーク地方のアルタ川上流域にアルタ水力発電ダムを建設する計画が立案されました。これに対して先住民のサーミの人たちが、トナカイの遊動域やサケの産卵場が影響を受けることから、1980〜1981年にはダム建設反対運動を激化させたことが知られています[6]。

また、アラスカでは油田開発が進んでいますが、アークティック・ビレッジに暮らし、野性のカリブーを糧としてきた先住民のグイッチンは、1988年に大手石油企業によりカリブーの繁殖地があるアメリカ国立北極圏野生生物保護区 (ANWR) での採掘が検討されたことに対して、極地の環境保護とともに、自らの伝統的な生活を守るために反対運動を進め、開発に歯止めをかけてきました[7]。このよ

---

[6] 1987年にダムは完成されたが、その代償として、The Sami Act of 1987（1987年サーミ法）が制定され、サーミ議会の設立が決まる。1989年10月9日には、フィンマーク地方のカラショックで国王を招いてのサーミ議会の開会式が行われた。

[7] 朝日新聞は、2017年8月6日の朝刊で、トランプ政権の誕生で、国立北極圏野生生物保護区における石油開発が現実問題となっていることを取り上げている。

うに、国家政策のもとで、先住民の人たちの伝統的生活・文化が大きく変容するという問題もあります。

アヒム・バイヤー●現代では、たしかに先住民との新たな出会いは少なくなったと思いますが、新たに「民族」や「集団」と呼ぶことができる人びとは出てきていますね。たとえばサブカルチャーでは、ラッパーは40年前には存在していませんでした。グループとしては、常に多様な存在が新たに生まれていると思います。

山田●カルチュラル・スタディーズと文化人類学との大きな違いは、文化人類学で文化を考える際には、世代を超えて文化を継承する母体となる集団を想定している点にあると思います。現代社会でサブカルチャーを共有するさまざまなグループができたとしても、長期間にわたって追跡してみないと、それが何世代にもわたって継承されて続くものとしてあり得るのかどうかがよくわからない。文化には、集団が存続していくなかで伝えられていくものという性質があるのではないかと思っています。

> 高度成長とグローバル化で変容する民俗学

本康●民俗学では、「現代民俗学」と称して都市民俗学が盛んになった時期があります。とくに金沢の都市民俗はそのセオリーに合うところがあるので一時期脚光を浴びて、1980年代から1990年代にかけて、宮田登[8]先生や山口昌男[9]先生など、大御所の先生方が「金沢詣で」をしたものです。私も先輩が宮田先生に近くて、金沢の都市民俗のケーススタディを発信していました。

　こうした動きが起こってきた背景には、先ほどの「人類学の終わ

---

[8] 1936年−2000年。民俗学者。筑波大学名誉教授。元日本民俗学会会長。東京学芸大学助教授、筑波大学教授、神奈川大学経済学部教授等を歴任。文化財保護審議会専門委員なども務めた。「ミロク信仰」、「生き神信仰」や天皇制に関する研究などで知られる。「都市民俗学」の提唱者の一人。

[9] 1931年−2013年。文化人類学者。東京外国語大学名誉教授、文化功労者。西アフリカ、インドネシア、カリブ海諸国等でフィールドワークを行う。構造主義や記号論を日本に紹介し、道化・トリックスターの分析、中心と周縁理論、敗者学などを通じて国内外の思想界、文学・芸術分野に大きな影響を与えた。

り」ではないですが、ある時期「民俗学は終わりだ」という話が出たことがあったと思います。もうどんな田舎へ行っても、テレビも自動車もあるという状況になっていたからです。

川村●それもグローバル化ということのはしりですね。

本康●そうですね。ものが行きわたって、村の人に習慣やしきたりについて聞き取り調査をするとペラペラしゃべってくれるけれども、その典拠が何か訊ねると、柳田國男[10]の著作集を出してきて、「ここに書いてあります」みたいな話になってしまう。

池谷和信●文化人類学でも日本民俗学でもそうですが、かつてはそれぞれのモノグラフ[11]の内容に大発見があった時代がありました。たとえば、戦前におけるマタギ[12]の狩猟伝承についてもそうです。しかし、最近ではインフォーマントが研究者の書いた本を読んでいるし、インフォーマントが逆に質問してくるという状態になりましたね。

本康●もう習俗自体が現代化して変容し、なくなりかけていたなかで、地方都市にはまだ民俗学で分析できそうなものがあるという話で、いっとき都市民俗学が流行したのです。

　ただし、それがそのまま民俗学の主流になっているかというと、そうでもない。カルチュラル・スタディーズのように、一つのトピッ

---

[10] 1875年−1962年。民俗学者・農務官僚。貴族院書記官長、枢密顧問官を歴任。各地で郷土会を組織し、雑誌『郷土研究』を創刊。全国を調査しつつ民俗学創設のための下準備を着々と進め、日本民俗学を確立した。『遠野物語』をはじめとする厖大な著作があり、『蝸牛考』での「方言周圏論」、『郷土生活研究法』での「重出立証法」など、日本民俗学独自の理論や方法論を提示した。

[11] ある集団や家族、個人、地域社会などの全生活過程もしくはそのいくつかの側面を取り上げ、生活史、地域の文化や社会を詳細に記述した記録。とくに文化人類学、民俗学、民族学、比較文化学においては、その収集と分析は重要な研究要素の一つとされる。

[12] 主に北海道、青森、岩手、秋田、宮城、新潟などの山間部に居住し、集団で大型動物の狩りをする人びとで、とくにクマ狩りで有名。ヤマダチ（山立）ともいう。捕った獲物の配分や解体の儀礼、狩猟期の禁忌に古いしきたりを残していて、山中では彼らの間にのみ伝えられる山言葉が使われる。

クとして一時期は勢いがありました。とはいえ、やはりそういう現代の習俗をどうみるかという問題は残っているので、その意味では研究の展開は必要かもしれませんね。

ボーダレス世界で残る要素と消える要素

山田●グローバル化のなかで世界がどうなるのかについて私自身が関心をもったのは、ソビエト連邦が崩壊してすぐ、1990年代初めのシベリアでの調査が契機です。マルクス主義というある意味で理想的な社会が崩壊したわけですから、ソビエト崩壊は私にとっても衝撃的な事件でした。その崩壊直後のシベリアで、理想的な社会だと考えていたもののリアリティがみえてくるなかで、ソビエトがシベリアの隅々まで、ほぼ同じ規格のもと、寄宿学校による教育の徹底から極寒の地でのスチーム暖房が備え付けられた住環境、道路の整備など、生活・教育環境を現代化させたという功績のすごさもまた実感させられました（写真3、4）。

ソビエトが崩壊したとき、シベリアの人たちは自分たちの土地固有の民族文化がソビエト化のなかで忘れ去られてしまっていたことに気づき、自らの文化を取り戻す文化復興運動を繰り広げます。

▲**写真3〈左〉 ハンティの家** 西シベリアのスルグートの町の郊外。スチーム暖房の備わった住環境がソビエト連邦の力によって画一的に整備された（ハンティについては山田孝子による論考33ページ註10参照）

◀**写真4〈右〉 サハの村の家** ハンティの家と同様な暖房設備を備えており、ソビエト連邦という存在がもたらした功績の象徴ともいえる

この運動はシベリア中に拡がりましたが、東シベリアのサハ[13]の人びとの調査でヤクーツクを訪れたとき、彼らが懸命に自分たちの伝統文化を取り戻す運動をしているのをみました（写真5）。

これをみたとき、それぞれの民族は、どんな小さな集団であっても、その集団にとってなんらかの核となる伝統文化なくしては、集団として存続し得ないと思いました。自分たちの集団としてのアイデンティティを保つためには何かが必要だと強く感じたのです。

サハの事例では民族性の主張が運動の中心にありましたが、アイヌの人たちも世界中の先住民の人たちと同じように、1990年代に入ると民族としての独自性を主張し、日本国内で先住民としての認知、先住権を求める運動を進めます。世界中でこうした先住権を求める運動が拡がっている現状を知り、やはり伝統文化というものはなくなるようでなくならないものだと実感した覚えがあります。

ただし、何を自分たちの文化として主張するのかという点では、時代にそって変わっていくものとなっています。たとえば、ある民族の伝統文化をみようとするときに、かつては自給自足の生活を想定し、衣食住をはじめ、すべてがオリジナルな文化を思い描いていました。実際に、かつてはほぼ100%オリジナルな生活をしてきたわけです（写真6）。

▲写真5
サハのシャマン
伝統文化を取り戻す運動の一環として、コミュニティ・カレッジにおいて伝統的シャマニズムの儀礼を教えるシャマン

---

[13] ロシア連邦のサハ共和国の主要な民族。レナ川流域に暮らし、かつてヤクートと呼ばれ、チュルク語系のヤクート語を話し、ウシ・ウマの牧畜と狩猟、漁撈等を主要な伝統的生計としてきた人びと。25ページからの山田孝子の論考も参照。

◀写真6
伝統的生活を営むハンティ
森のなかの家屋に住み、トナカイ飼育、漁撈・狩猟・採集などをして暮らすのが、かつてのハンティのオリジナルな文化だった

　しかし現在では、どんな辺鄙な地域に出かけたとしても、商品経済が入り込んでいます。1970年代後半のアフリカの調査でも、男性たちは、ズボンとシャツというスタイルにかわり、ジャケットとズボンを身につけてトランジスタ・ラジオを携帯するのが富の象徴となっていました（写真7）。そのように、食べ物や服、ラジオ、さらには携帯電話など、どこでも同じようなな「モノ」が出回っているのを目にします。極北に暮らす民族でも（写真8、9）、毛皮の衣服が市販のダウンジャケットなどに置き換わるとともに、皮をなめして衣服をつくる伝統技術さえ失われがちです。
　一方で、グローバルな「モノ」が日常生活に入り込んでいるなかでも、宗教や信仰、ものの見方や考え方の部分では

◀写真7
ニンドゥの青年
ジャケットを着て、トランジスタ・ラジオを持ちながら、槍を投げるポーズをとってくれた（ニンドゥについては山田孝子による論考34ページ註11参照）〈アフリカ、コンゴ民主共和国東部〉

比較文化学とは何か——その学問的性格と魅力、豊かな可能性

▲写真8〈上左〉
ハンティの家族
石油会社に勤務し、スルグートの町に暮らすハンティ。服装は他の民族のものと変わらない

◀写真9〈上右〉
ハンティの女性
スルグートの町でレストランを経営するハンティ。着ているジャージはadidas社製

やはり伝統的文化がしっかり残っていると、1990年代以降の調査では強く感じました。たとえばサハは、伝統的なかまどの代わりに、スチーム暖炉やガスコンロで、火の主霊に祈りを捧げます（写真10）。その意味では、文化人類学においても、文化というものをこれまでとは違うかたちで考えていく素材はまだまだあると思っています。

川村●私は文化研究の専門家ではありませんが、日本の古い俳句や和歌と同じような感覚が、綿々と現代の我々のなかにまで残っているといつも思います。たとえば、芭蕉は奥州からの帰路で北陸にも立ち寄っています。現在の石川県小松市にある那谷寺では「石山の

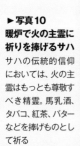

▶写真10
暖炉で火の主霊に祈りを捧げるサハ
サハの伝統的信仰においては、火の主霊はもっとも尊敬すべき精霊。馬乳酒、タバコ、紅茶、バターなどを捧げものとして祈る

19

石より白し秋の風」という句を詠みましたが、地元の風景を採り上げているせいか、白秋が実感として伝わります。このような感覚は、世代を超えて伝わっているように感じますね。

山田●たしかに、信仰や価値観、物事に対する感じ方などは、日本でも伝統的なものが残っているように思えます。

川村●季語自体に関して言えば、「風光る」と聞くと、「ああ、なるほどな」という感じがわかる。厳冬から春に向かって日差しがわずかずつ強くなるのでしょうが、たしかに早春のある瞬間には、そんな心もちになります。これはおそらく風俗や習慣が変わっても、残るものがあるということなのでしょう。ものの見方の部分で、「私は日本人だな」とか「日本の文化だな」と感じるときがあるんです。

異文化に向き合い、共存する姿勢を学ぶ
総合学としての比較文化学

文化の違いを
超越した
理解を**深める**

本康●比較文化学と文化人類学との関係を整理すると、どうなりますか。そのめざすものはそれぞれ違うということでしょうか。たとえば文化人類学は「文化とは何か」を明らかにすることを目的としている。一方で、比較文化学は文化人類学の別バージョンみたいなもので、「文化とは何か」を照らし出す方法として比較をすると双方の文化がよくわかるという関係でしょうか。

山田●たとえば研究方法をみると、文化人類学では、フィールドワーク[14]からなる長期間の現地調査が基本的な研究の方法論[15]として

---

[14] 現地（フィールド）に赴き、現地語を使用して、研究対象となっている人びとと対話したりインタビューをしたり、生活をともにする観察を通じて行なう調査。またそれによって情報を収集・解析する一連の研究システムのことも指す。とくに調査者自身が対象の社会や集団に入って、長期間にわたって生活をともにしながら観察し、資料収集をする方法を「参与観察」という。

[15] 本書では、「方法論」という用語を、研究の基盤となる資料収集から分析に至るための方法と、それに関連する理論や議論を含めた一連の体系的方法という意味で用いる。

確立されていて、ある文化を対象とする現地調査の資料分析を踏まえて、その文化について語ることになります。

また文化人類学の研究者は自分の育った地域・民族の文化ではなく、必ず異なる文化を調査対象にしてきました。そうでなければ文化を理解できないという大前提があったわけです。これは研究者自らのまなざしに比較の視点を入れ、文化を相対化しながら調査を行なうことを意味しています。「比較の視点からの文化の相対化」は、文化人類学の成立以来の方法論上の大原則です。

本康●文化人類学の方法論では、文化を考えるうえで客観的に比較をすることは前提だというわけですね。

山田●現代では、出身民族を対象にする「ネイティブ・アンソロポロジスト」と呼ばれる人類学者も出てきています[16]。しかし、初期のそもそもの文化人類学の方法論からすると、ネイティブ研究者が自分の文化を観察すると客観視ができずに、重要なことでも気づかずに見落とす部分があると批判されがちでした。

しかし、よく考えてみると、現在のネイティブ・アンソロポロジストは、みんな欧米流の教育制度のもとで学位をとった人たちです。欧米のまなざしを身につけ、そのまなざしで自文化をみる。もともとずっとそこで育った人ではないので、自文化についても文化人類学の研究が可能になっているわけです。いずれにせよ比較というのは、文化人類学のそもそものベースであるといえます。

本康●方法論であり、ベースなのですね。

山田●私自身、人類学をベースとして研究を進めてきていますので、文化の見方は文化人類学的な見方になります。文化人類学では、オーソドックスな言い方をすれば、「文化とは何か」ということが

---

[16] 北米では、ネイティブ・アメリカン出身の人類学者が数多く誕生し、ボツワナ大学大学院で学位をとった南アフリカのサン（ブッシュマン）出身の人類学者もいる。ウィスコンシン大学人類学部教授の大貫恵美子氏も米国籍ではあるが神戸市出身の日本人であり、日本文化を対象に研究している点で「ネイティブ・アンソロポロジスト」ということになる。大貫［1985］参照。

最大の課題となっています。ある集団を想定したときに、彼らを束ねるものとしての文化とは何かということがテーマになっている。

　比較文化学というときも、いわゆる文化を想定して比較するわけです。しかし、学際的な研究領域でもある比較文化学では、「文化とは何か」が共通の課題とはなり得ないことは明らかです。一般にいわれることではありますが、「比較文化学は互いの理解を深めることを可能にするための学問である」ということはいえます。いかにして文化を超えた相互理解ができるかということが、一つの共通の課題だということができるかもしれません。

互いの違いを認め尊重する姿勢を学ぶ

池谷●国立民族学博物館（以下民博）には総合研究大学院大学（総研大）という大学院があって、そのドクター・コースの専攻名が「地域文化学」と「比較文化学」です。しかし比較文化は、文化人類学や民族学だけで行なわれているわけではなく、先ほど話題に出た民俗学も文化を比較していますし、歴史学でも比較文化史のような分野もあるし、さまざまな分野で比較文化学と呼べるものがあります。

山田●たしかに、たとえば日本の比較文化学会の出版物をみると、言語学を専門とする研究者や、英語やフランス語などの外国語文学の翻訳を専門とする研究者が多いことがわかります。外国文学の翻訳では、常に日本文化や日本語との比較をすることになりますから、翻訳そのものが文化の比較をしていることになる。ですから比較文化学に文学の分野から関わる人たちも多くいます。専門領域やバックグラウンドを異にする人たちが集う学問分野で、それだけ多様な成果も出ているし、可能性もある分野だと思います。

池谷●ただし、考えなくてはいけないのは、21世紀に通用する比較文化の枠組みというものがあるのかどうかという点です。みなさんがご指摘のように、とくに西洋を中心とする文明がますます地球上に拡大していって、あちこちで衝突が起こったり、さまざまな文化や伝統が消えたりすることもあれば、残るところもある。そういう

大きなダイナミズムが動いていて、地域の文化のみに注目していればよい時代ではなくなっているわけです。世界全体の動きを踏まえたうえで、地域の文化もとらえる必要があります。

小西賢吾●これまでの議論で、21世紀の比較文化学は、我々がいかにその暮らしの多様性を確保するかという問題と密接につながっていると感じました。マクドナルドのような食をはじめとして、世界的に同じものがどんどん浸透していくときに、「それでいいのか」と思う人は、やはりたくさん出てきます。

　私が大学院に入ったのは2002年ですが、人類学を勉強しはじめたその当時、「世界のこの民族にはこういう固有の文化がある」という考えがもう古いことは前提になっていました。しかし、ではどこの人もみんな同じようになったのかというと、そうではありませんでした。フィールドに入ると、今までに経験したことのない考え方や習慣の違いに出会い、「この人たちはいったい何を考えているのだろう」と圧倒された。そうした他者との出会いがあったわけです。そういう人たちの多様性が保たれつつネットワークのチャンネ

▶写真11
中国四川省
シャルコクの僧院
シャルコク地方では、農閑期である冬に「ゴンジョ」と呼ばれる初歩的な修行を、数週間にわたり僧侶と一般の人びととがともに行う。その一環である法話には近隣の地域から1,000人を超える人びとが集まる。供物をもった人びとで埋め尽くされる僧院の前の広場の光景には圧倒されるものがある

ルができていくことも現代社会の大きな特徴だと思います。

　そこで比較文化学とは何かと考えたときに、まず学問の方法論としては、人類学だけではなく、宗教学、地域史、言語学など、さまざまな学問をつなぐものだと私は思っています。

山田●そうですね。宗教学や歴史学、文学なども含めて、さまざまな分野での比較文化の知見を統合して、文化の違いを超えて互いを尊重しつつ、多様性を認める暮らしをめざす営みが比較文化学だといってよいのではないでしょうか。

小西●現代社会を生きるうえで、異文化にどう向き合っていくのかという考え方や姿勢を身につけるために、比較文化学的な視点を学ぶ価値があると考えています。

山田●その考え方や姿勢は、グローバル化が進んでさまざまなことが流動的になっている現代において、だれもが身につけておくべきものとなっているように思いますね。

参考文献

大貫恵美子（1985）『日本人の病気観——象徴人類学的考察』東京：岩波書店。

ホール、スチュアート／ドゥ・ゲイ、ポール［編］、柿沼敏江ほか［訳］（2001）『カルチュラル・アイデンティティの諸問題——誰がアイデンティティを必要とするのか？』東京：大村書店。

B・マリノフスキー、増田義郎［訳］（2010）『西太平洋の遠洋航海者』東京：講談社（講談社学術文庫）。

人類学調査の遍歴から考える比較文化学の可能性

山田 孝子

1 人類学から比較文化学を問う

　経済活動がますます国境を越えて展開するグローバル化の時代にあって、異なる民族に対して、装いや食品、市販品に置き換わった日用品、電化製品の利用など、表層的には文化の違いが少ないと感じることもある。その一方で、世界各地で民族の違い、文化や宗教の違いによる衝突をみることも少なくない。文化的独自性は民族意識の基盤としてまだまだ重要な位置を占めており、国際的課題といえる平和的多文化共存・共生の成立には、それぞれの地域あるいは民族が長い歴史のなかで育んできた文化の深層を十分に踏まえた異文化理解は必須条件といえる。

　日本人にとっても国内に限定された経済活動だけでは生き残れない現状があるとともに、国内で働く外国人の数は増加の一途をたどっている❶。グローバルな世界情勢に対処していくために、異文化理解の深化はますます重要であり、「文化」とは何か、「民族」とは何かを理解し、文化を相対化するまなざしを身につけることが求められる。

　日本や世界各地の文化は、所与としての自然環境と対峙しながら、それぞれ独自の生計戦略、生活習慣や規範、家族・親族といった社会組織、信仰や儀礼・祭礼、世界観を育み、変化しながらも維持されてきたものである。文化は、「どこで、だれが、だれと、何を、どのように行うのか」という文化的行為の情報の詰まった、集団の連帯性の維持、集団としての存続を可能としてきた源泉である。

　実際、文化には、他者とのコミュニケーション・ツールとしての言語をはじめ、生きるための基本的生活基盤である衣・食・住がある。また、集団の構造化のための家族・親族組織、社会関係の円滑化のための規範・慣習、逸脱的行為への社会的制裁といった法・政治という側面もある。さらには、畏れの軽減や連帯性の深化のための信仰・儀礼、生活にゆとりを与えてくれる芸能・

---

❶厚生労働省は、2016年10月末時点での届出で外国人労働者数が約108万人におよび、届出義務化以来4年連続で過去最高を更新したことを公表している（http://www.mhlw.go.jp/stf/houdou/0000148933.html）。また、朝日新聞は、2017年7月24日の朝刊で、「在留外国人数が2016年には約200万人に達し、全就業者の59人に1人が外国人だった」と報道している。

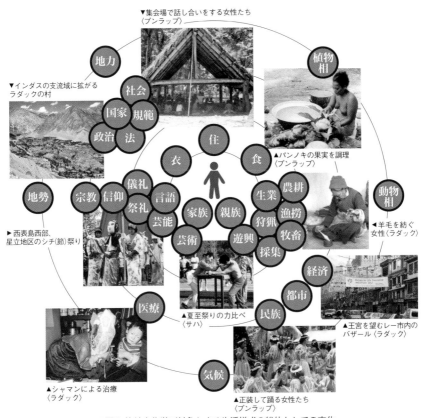

▲図1 比較文化学が対象とする生活様式の総体としての文化

芸術という側面もある。文化はこれらが網の目状にからみあった人々の生活様式の総体である(図1)。

このため文化研究においては、人類進化史におけるヒト化から、言語、生態、社会関係、政治、宗教など人間の営みのすべてが対象となる。よく知られる文化研究の一つに、文化人類学がある。人類についての総合的な学問である人類学の一分野として20世紀はじめに誕生して以来、文化人類学は世界各地の固有の民族文化を比較して文化の本質を明らかにしてきた[2]。その一方で、近代化や急速なグローバル化のなかで、個別文化の理解にとどまらない視野の必要性も指摘されている。それに応えるかたちで文化を捉える枠組みも多様

[2] 小西賢吾の論考(45ページ)およびジェームス・ロバーソンの論考(75ページ)を参照。

となっており、近年では、カルチュラル・スタディーズという、文化人類学とは少し異なる立場からとくに現代文化を問う分野も生まれている。

　比較文化学は、グローバル化が急速に進む21世紀にふさわしい他者(異文化)理解の深化のために、比較をもとに文化の共通性と独自性を明らかにし、より広い枠組みから文化を捉えようとする領域である。文化人類学やカルチュラル・スタディーズはもちろん、言語学、人類学、地域研究、社会学、政治学、宗教学、文学など、多様な視点からのアプローチが可能となる学問の総合ということができる。

　私のこれまでのフィールドワーク❸(長期間の現地滞在型フィールド調査)の遍歴を振り返ってみると、①エスノ・サイエンス(民族科学)❹の比較文化研究、②伝統文化の動態に関する比較研究、③ラダッキ、サハ、アイヌ❺におけるシャマニズムとアニミズム❻の比較文化研究と、大きく三つにわけることができる。本論では、とくにエスノ・サイエンス、伝統文化の動態に関する比較文化研究を取り上げながら、比較文化学の方法論、そしてその可能性について考えてみることにしたい。

❸ フィールド調査は、文化人類学にとどまらず、さまざまな研究領域で調査方法として取り入れられている。ここでは、とくに「フィールドワーク」を「文化人類学が基本的調査方法としてきた、長期間の現地滞在型参与観察によるフィールド調査」の意味で用いる。20ページ座談Ⅰ註14も参照。

❹ 個々の民族文化には、それぞれその土地の自然環境や民族の価値観にもとづいて組み立てられた科学的認識の体系が発達するという考え方に立ち、その知識を民族固有の科学として、一般的なサイエンスと区別し、「エスノ・サイエンス」と呼ぶようになったものである。民族植物学、民族動物学、民族医学などがある。

❺ ラダッキは、インドのジャム・カシミール州のトランス・ヒマラヤ山脈地帯に住むチベット系の民族である。彼らの食文化については本シリーズ2巻『食からみる世界』所収の山田 [2017]、アイヌのアニミズムについては山田 [1994]を参照。サハは、ロシア連邦、東シベリアのレナ川流域に住むチュルク語系の言語を話す人々で、かつてヤクートと呼ばれていたが、ソビエト連邦の崩壊後サハを自称とする。彼らの伝統的な生計活動は、ウシ・ウマの牧畜、狩猟、漁撈、採集であり、宗教は脱魂型シャマニズムの典型例として古くから知られてきた。

❻ アニミズムとは、タイラーにより『原始文化』(1962[1871])のなかではじめて定義されたもので、「霊的な存在についての教義、信仰」で、宗教の基礎・起源となるものとされた。シャマニズムとは、トランスあるいはエクスタシーといった常態とは異なる心理状態において、超自然的存在 (神霊、精霊、死霊など) と直接的接触・交渉をなし、占い、預言、病気治療などを行う宗教的職能者であるシャマンの活動を中核に据えた宗教実践をさす。日本では、巫術、巫俗と呼ばれてきた。シャマニズムには、シャマンの「魂の旅」を特徴とする脱魂型と「霊の憑依」を特徴とする憑霊型があることが知られている。アニミズムとシャマニズムの比較研究については、Yamada [1999]を参照。

2 コミュニティを総合的に捉えることの大切さ

　筆者が大学院に進学した当時は、人間と自然との関係が大きな関心を呼び、それを探るアプローチとして生態人類学[7]とエスノ・サイエンスが注目されていた。沖縄の八重山地方をフィールド調査地としたとき、女性として生態人類学的アプローチに限界を感じ、エスノ・サイエンスのアプローチから研究をスタートさせた。

　人類学の調査は一つの小さな社会やコミュニティを対象とする長期間のフィールドワークという方法にもとづいており、自分のテーマが何であれ、コミュニティ全体を捉えて、理解することが重要とされていた。このためフィールドワークでは、その地域の人々がどのような社会関係のなかで生き、どのような日常性、衣食住のもとで暮らしているのか、そういった人々の生活実態すべてが観察対象となり、フィールドノートに記録し、理解することが求められた。そのうえで、特定のテーマについて深く考察するという過程をたどったのであり、あるテーマだけを追い求めるのではなく、その社会の全体像を十分に理解することが要請されたのであった。

　最初のフィールド調査は1972年のことである。八重山諸島（図2）の鳩間島の生活についてのさまざまな情報を集めたうえで、エスノ・サイエンス、とくに民族植物学的研究を進めたのであるが、そのためには一定の資料収集法をとる必要があった。

　たとえば植物利用を考える場合、対象社会の人々が利用する自然環境がどのようなものかというその全体像を把握してはじめて、土地の人々が所与の自然からどのような植物を選択的に利用するのかが理解可能となる。そこで、自然環境を把握するために、人々が利用する里山に生える植物を採集し、イ

---

[7] 1960年代にはいり、それまでの人類学のフィールドワークが現地滞在型参与観察を基本にするとはいえ、生計活動に関して定量的データ収集が不十分であったことを踏まえ、定量的データ収集という方法を採用することにより、狩猟採集社会における人間と自然との関係（生態）に関して新たな知見をもたらす研究が生まれている。これらの人間社会と自然との関係の探究は、生物と環境の相互作用を扱う生態学を援用して生態人類学を名乗り、今日に至る。

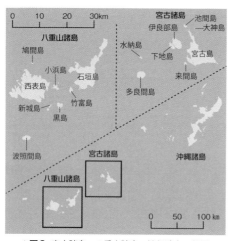
▲図2 宮古諸島、八重山諸島、沖縄諸島の位置
〈各種資料から作成〉

▲写真1 波照間島での植物を採集してのインタビュー。その地に暮らす人々に名前や利用法等を確認する

ンタビューを行い、一つひとつの植物に対し、名付け、利用の仕方などの情報を得るという作業が必要となる(写真1)。最後には、種同定のために収集した植物を新聞紙に挟み(写真2)、乾燥標本にするという作業も必要となる。すべての植物を自分で同定することはなかなか難しく、植物学の専門家に同定を依頼するためにも乾燥標本の作製は不可欠となる。八重山調査では、持ち帰って作製した乾燥標本をもとに、『琉球植物誌』[初島 1975]の著者であり鹿児島大学におられた初島住彦先生に植物の同定をお願いした。

このような基礎的なフィールドデータの積み重ねという作業があったうえで、はじめて植物利用の情報が基礎資料として生きる形になり、土地の人々の植物利用の実態が比較研究としても利用可能となるのである。

3 比較研究への素地を作った最初のフィールド調査

鳩間島調査のこの経験は、その後の比較研究——比較文化学——への素地を作ってくれたと思っている。人類学における文化の研究は、個々の文化研究でありながら、同時に比較文化研究への道筋をもつ。実際、植物の種同定という基礎作業は、土地の人々の植物利用を他地域での植物利用と比較するた

▲写真2 乾燥標本を作るために採集した波照間島のヤエヤマアオキ

▲写真3 鳩間島のビロウ。八重山地方では神木として意味づけられている

めに有効な土台となる。リンネ[8]以来の生物分類学の発展により、地球上のほぼすべての植物が学名によって種同定されており、学名をとおして異なる文化における有用植物が同じものかどうかがわかる。

最初のフィールド調査では西表島西部の星立地区をも調査対象とし、鳩間島と西表島での植物利用の比較を行っている。比較してみると、たとえばヤシ科のビロウ（写真3）は、両島で「クバ」と呼ばれ、御嶽（聖域）を象徴する神木となるというように八重山地方に広く共通する植物の意味づけがみられたのに対し、シチ（節）祭りの際に家の中柱に結びつける蔓（シチカズラ）には、鳩間島ではマメ科のヤエヤマハギカズラの蔓が利用されるのに対し、西表島西部では羊歯類カニクサ科のイリオモテシャミセンヅルの蔓が利用されていた。また、鳩間島ではアダン（写真4）、ソテツ、ハチジョウススキなどが重要な薪の材料となっていたのに対し、広大な自然林があり良質の薪炭材が確保できる西表島西部では重視されていなかった。また、ソテツの実は鳩間島では重要な救荒食となっていた（写真5）。このように、植物利用には植物相の豊富さの違

---

[8] 分類学の父といわれるカール・フォン・リンネ（Carl von Linné）は、スウェーデンの博物学者で、生物の学名を属名と種小名のラテン語で表す二名法（または二命名法）を提唱し、動植物の分類体系を確立したことで知られる。

▲写真4 アダン〈石垣島〉

▲写真5 ソテツの実〈鳩間島〉

いが反映され、八重山地方という同じ地方文化圏にあって、同一植物が二つの島で同じ様に利用されることもあれば、植物によってはそれぞれの島独自に利用されることなどがわかった。ここでは学名という科学的指標が比較研究のための有効な媒体となったのである。

　また、鳩間島の調査では、植物利用にとどまらず、伝統的知識の変遷という問題にも切り込むことができた。1970年代前半の八重山地方は、内地といわれる日本本土地域に比べると、昔ながらの生活が維持されている印象を与えてくれた。しかし、民族植物学調査を進めるなかで、人々の生活を成り立たせてきた数々の島の植物のなかには、利用されなくなったものも少なくないことがわかってきた。また、島内の材料を使った手作りの生活用具は市販品に置き換わっていくなど、物質文化の伝統は明らかに「過去」のものとなりつつあるのを感じた。

　調査を進めるなかで、「伝統」がまったく変容してしまうのか、それとも維持されるのか、維持されるとすれば、いかに維持されるのかという問題は、地域文化を語るうえで無視できないと思い、伝統文化のいわゆる復元的解明だけでは飽き足らず、伝統の変容という問題について考えてみることにした。野生食用植物の利用がいかに維持されるのかに的を絞り、食に対する好き・嫌いという視点からの分析を試みたのであった。

　このときの「伝統」をめぐる関心は、通時的な比較文化研究への誘いであっ

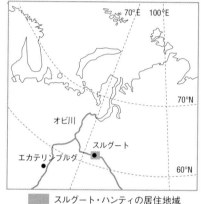

▲図3 サハ、ハンティの暮らす地域
ハンティはオビ川流域に居住し、支流域ごとにスルグート・ハンティ、カジム・ハンティなどと区別される。
サハはレナ川流域のヤクーツクを中心に暮らす
〈各種資料から作成〉

たということができ、振り返ってみると、その後の地域横断的視点と通時的・歴史的視点の双方からの比較文化研究に向かうきっかけとなっている❾。この「伝統」の問題は、1990年代のポスト・ソビエト期のシベリアでのサハやハンティ❿のフィールド調査(図3)、2000年代以降のラダックやチベットにおけるフィールド調査にも引き継がれている。一つの文化、社会を対象とする総合的フィールド調査は、比較文化学への展開を可能とする萌芽を数多く内包するのである。

---

❾ 山田 [2012]。

❿ ロシア連邦、西シベリアのオビ川流域に住み、ウラル語族フィン・ウゴール語系の言語を話し、伝統的にはトナカイ飼育、漁撈、狩猟、採集により生計を営んできた民族。とくにスルグート地区に住むスルグート・ハンティの調査を実施した(図3参照)。

4 比較民族植物学研究への展開

　鳩間島と西表島における民族植物調査は、その後、①1976年のミクロネシア、東カロリン諸島の小さな環礁の島であるプンラップ島(図4)調査、②1977年のコンゴ民主共和国(調査当時はザイール共和国)の東部ムウェンガ地区、ルインディ地方に住むニンドゥ[11](図5)の調査、③1980年の八重山地方の波照間島調査へと展開した。

　いずれも人−植物関係についての比較文化研究であり、①プンラップ島調査はほぼ共通する島嶼環境のもとでの異文化間比較、②ニンドゥの調査は環境条件もまったく異にするなかでの異文化間比較であった。③波照間島調査は、鳩間島と西表島西部という２地域間比較では不十分さを感じて実施したものである(図2参照)。

　鳩間島と西表島西部地区との地域間の植物利用の比較では、八重山地方に広く共通するものがある一方で、祭りや薬などでは、それぞれの島で独自に

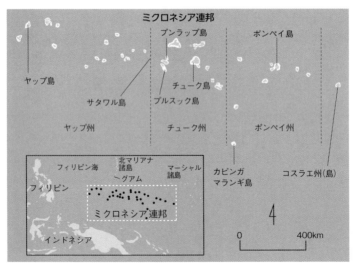

▲図4　ミクロネシア連邦とプンラップ島
〈各種資料から作成〉

---

[11] 北東バンツー語系のキヴ湖グループに属すニンドゥ語を話す焼畑農耕民で、湖間バンツー系のバシヤ、ベンバ、レガなどの部族と文化的・歴史的に密接な関係をもつ。山田[1984b]を参照。

人類学調査の遍歴から考える比較文化学の可能性　山田孝子

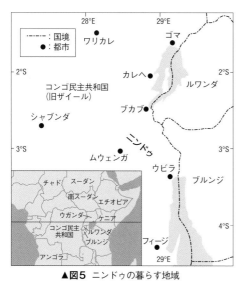

▲図5　ニンドゥの暮らす地域
〈各種資料から作成〉

利用される植物がみられることを示すことができた。しかし、この2地域間の比較で示した共通性と相違は、どこまでが八重山地方に広く共通するものであり、どこまでが島独自の利用法であるのかを明確には示し得ないという思いをもった。こうして、比較研究には少なくとも3地域間での比較が不可欠であると考え、一つの試みとして、八重山文化という同一文化圏内での鳩間島、西表島西部地区との3地域間比較のために波照間島調査を行ったのである[12]。

　これらの地域では、鳩間島調査で会得した徹底的な民族植物学調査法を共通の方法としている。いずれの調査でも、比較のための枠組みを用いて比較文化調査を行うというよりは、それぞれの文化を対象とする総合的調査として行ったものである。すでにふれたように、人々が何らかの形で意味づける、あるいは利用する植物についての植物学的情報を鍵とすることにより、文化固有の情報の比較が可能となる。八重山地方とプンラップ島については、学名という科学的情報を仲介させることにより、人－植物関係の異文化間比較を行った。もちろんプンラップ島を調査地として選んだことは、島嶼環境における人－植物関係の比較を目論んだものではあるが、個別事例研究から比較研究へと展開することにより、プンラップ島の独自性を浮かび上がらせることができた。

　プンラップ島は洋上から眺めると、海岸線までびっしりとココヤシが迫る景観となっている。しかし、島の周囲の海岸部にはハスノハギリ、クサトベラ、モンパノキ、アダン、テリハボクなど、八重山地方でよく目にした植物が生え

[12] 山田 [1984a]。

ていた（写真6）。しかし、たとえば鳩間島と種のレベルで共通する有用植物について用途を比較してみると、表1に示したように、利用法が異なるものが多かった［山田 2012］。汎世界的な有用植物を除けば、似通った植物環境にありながら、「利用」という文化的営みには文化の違いが強く反映されていたのであった。当たり前といえば当たり前といえるが、比較文化研究により実証できたのである。

さらに、波照間島、西表島西部地区、鳩間島の3地域を対象とする比較民族植物学的研究では、日常生活のなかでの利用という面だけではなく、植物の命名、分類という自然認識のあり方を

▲写真6 プンラップ島の海辺に生えるクサトベラ〈手前〉とアダン〈奥〉

も分析対象とした。人－植物関係を、命名から分類、利用という総合的な自然誌という文脈で捉え、地域間比較により同一文化圏内での地域差を明らかにしたのである。ここでは、H.C.コンクリンが提示した語彙素分析法[13]を適用し、植物名をもとに、島の人々の命名・分類体系の比較検討も行った。

たとえば植物の命名を比較してみると、個別名が3島で同じである植物は38種類、2島間では19種類であり、波照間島では約74％、西表島西部では約78％、鳩間島では約60％が島固有の名称であった。また気根から繊維を採って利用されるアダン、防風林として欠かせないテリハボク（写真7）、救荒食とな

---

[13] 語彙素とは語彙の基礎単位で、発話のなかで意味をもつ最小単位（形態素）と同一視されることもある［デュボワ他 1980: 100, 143-144］。一般に語彙は一つの語彙素からなるものもあれば、分解可能な複数の語彙素から構成されるものもある。コンクリンは、それぞれの語彙がどのような語彙素から構成されるのかという語彙素分析法を、フィリピンのハヌノオ族の植物命名法を事例にはじめて適用し、彼らの植物命名体系や分類体系を明らかにしたことで知られる［Conklin 1954, 1962］。

表1 鳩間島とプンラップ島とで共通する有用植物

学名	和名	鳩間における用途	プンラップにおける用途
Achyranthes aspera	ケイノコズチの類	飼	薬
Asplenium nidus	シマオオタニワタリ	食、観	用
Boehmeria nivea	マオ	衣	結
Calophyllum inophyllum	テリハボク	建、用、燃、防、儀	薬、舟
Canna indica	ダンドク	遊	花
Carica papaya	パパイヤ	食	食
Colocasia esculenta	サトイモ	食	食
Crinum asiaticum	ハマオモト	儀、観	花
Curcuma longa	ウコン	食（染）	染、花
Cyperus brevifolius	アイダクグ	遊	薬
Dioscorea bulbifera	ニガガシュウ	食、儀	飼
Eleusine indica	オイジワ	儀	薬
Hibiscus rosa-sinensis	ブッソウゲ	観	花
Hibiscus tiliaceus	オオハマボウ	用、燃、肥、防	衣、建、道
Messerscmidia argentea	モンパノキ	薬、道	肥
Microsorium scolopendria	オキナワウラボシ	観	花
Mirabilis jalapa	オシロイバナ	薬	花
Musa x sapientum	バナナ	食、用	食、用、衣
Pemphis acidula	ミズガンピ	観	建、薬、舟
Premna corymbosa var. obtusifolia	タイワンウオクサギ	建、燃、飼	建、舟、燃、肥、薬、花
Saccharum officinarum	サトウキビ	食	食
Scavola taccada	クサトベラ	薬、道	肥

※植物の用途は次のように略している。食：食料、飼：飼料、観：観賞用、衣：衣服、薬：薬用、用：生活用具、結：結束用、建：建材用、燃：燃料、防：防風林、舟：舟材、花：花卉、遊：遊び、染：染料、儀：儀礼用、道：道具類、肥：肥料

▲写真7　テリハボク〈鳩間島〉

▲写真8　ハスノハギリ〈石垣島〉

るソテツ、生命力の強いオイジワは3島で名称がほぼ同じであった。その一方、ハスノハギリ(写真8)やクサトベラ(写真6を参照)は島ごとに名称が異なるだけではなく、用途も異なっていた。たとえばハスノハギリは、波照間島では「サコダチ」と名付けられ、軽くてひび割れしない材のため琴の材料に、西表島西部では果実が風に吹かれてブーブーと鳴るところから「ブーブキ」と名付けられ、子供は果実を笛のようにして遊び、鳩間島では「フカナジ」と呼び、

表2 象徴的利用の島ごとに異なる例

	波照間	西表	鳩間
司の杖	オオムラサキシキブ		
種取行事の イバチ（飯初）の受け皿			ハマオモト
冬至の生花		ヤブツバキ	
精霊箸	メドハギ	カワラヨモギ	カワラヨモギ
墓前		ツワブキ	
旧正月の神棚への供花	クサスギカズラ		
家造りの祝い	フクギ	オイジワ	
健康祈願	フクギ	ムッチャガラ	
豊年祭りの餅	ゲットウ	ゲットウ	バナナ
盆祭りの盛り物	リュウキュウコクタン	ヒメユズリハ、スダジイ、 シャリンバイ、ナシカズラ	ツルモウリンカ、 フクマンギ、アカギ、
シチ（節）祭りの蔓		イリオモテシャミセンズル、 カニクサ	ヤエヤマハギカズラ、 ヒメノアズキ
誕生祝いの和え物		アキノワスレナグサ、 マルバツユクサ	アキノワスレナグサ、 スベリヒユ、ボタンボウフウ、 シマイボクサ

表3 生活形カテゴリーへの分類が異なる事例

和名	属性	波照間	西表	鳩間
カニクサ	蔓性羊歯	カズラー	カッツァ	バラピ
イリオモテシャミセンズル	蔓性羊歯	カズラー	カッツァ	バラピ
ハマゴウ	斜上性低木	フサ	カッツァ	（―）
オオハマグルマ	葡伏性多年草	フサ	カッツァ	カザ，スサ
イワダレソウ	葡伏性多年草	フサ	カッツァ	（―）
オシロイバナ	亜低木状多年草	フサ	（―）	キ

下駄やイカつり用の疑似餌を作ったという。また、クサスギカズラは波照間島で「ジームイ」と呼ばれ、旧正月の神棚への供花として欠かせないとされ、シマイボクサは鳩間島で「チナヌミン」と呼ばれ、誕生祝いの和え物にはとくに欠かせないとされ、ナシカズラは西表島西部で「カッチナズ」と呼ばれ、盆祭りの供え物となる果実として欠かせないというように、それぞれの島独自の利用法がみられる（表2）。

　さらに、「ことば」を手がかりとする方法は、①何に着目して名付けが行われるのか、②植物を「キ」（木）、「フサ」（草）、「カッツァ」（蔓）、「バラピ」（羊歯）などに類別するにあたって、木質の幹、蔓性、羊歯状の葉といった類別基準となる特徴のうちどれを優先的に取り上げるのかなど、島の人々の自然認識、植物分類法の島による違いを明らかにするうえで有効となった（表3）。この研究は、次で述べるアイヌの世界観の研究への展開を可能にしてくれた。

5 「ことば」から読むアイヌの世界観

1980年代後半は、京都から札幌へと居を移したこともあり、北海道大学に
あるアイヌ研究に関する厖大な蓄積を利用した文献調査とフィールド調査と
の両面から、アイヌ文化研究に取り組むことにした。とくに、知里真志保の
『分類アイヌ語辞典』シリーズ[14]に触発され、八重山地方における研究との比
較研究という意味も込めて、まずアイヌの植物分類体系の分析を進め[15]、続い
て動物分類の分析を進めた。そして、「言語は人間に対して経験の仕方を規定
する」というサピア・ウォーフの仮説[16]にもとづく認識人類学的アプローチを、
従来のように動植物や色彩といった客観的な指標で測れるものに対してだけ
ではなく、ジェンダー観、神々や霊といった超自然的な世界にまで拡張する
ことにも挑戦した。「ことば」に着目して自然と宇宙の認識を読み解くという
世界観の研究を進めたのである[17]。

そのきっかけとして、アイヌの神々の名前に接したときに、何かおもしろく、
興味深く感じたことを覚えている。最初から神々の名前に着目して研究を進
めたわけではなく、アイヌの神謡を読み続けていたときに、登場する神々の
名前には規則性があるというか、彼らのものの考え方が反映されていること
に気がついた。その気づきから見直してみると、対象をどのようにみるのか
という「ものの見方」が超自然的な存在の名前に反映されていることを感じ
とり、神々の名前の語彙素分析をしてみようと思ったのである。

超自然的、霊的な観念というのは、本来は「モノ」がない、対象がない場合
が多い。しかし、アイヌ文化ではそれが自然の「モノ」に具現化されている。
たとえばハルニレという木は「チキサニ（われら・こする・木の意）」と名付けられる

---

[14] 知里 [1953; 1954; 1962]。

[15] 山田 [1986]。

[16] サピア (Edward Sapir) とウォーフ (Benjamin L. Whorf) は、それぞれ人間の思考が母語によっ
てあらかじめ定められた形式にしたがって展開するという、言語と文化の問題について同様の考
えかたを発表していたため (cf. Sapir 1947; Whorf 1941)、後にこの考え方は一般にサピア・
ウォーフの仮説と呼ばれるようになった。

[17] 山田 [1994]。

が、「カムイ」(神)でもある。なぜ、ハルニレが神とみなされるのかをみてみると、ハルニレの木は、昔、木と木をこすり合わせて火をおこすのに使われており、火の起源神話に登場することがわかってくる。チキサニ・カムイ(チキサニの神)は火の起源と結びつき、火おこし棒に利用されるハルニレという植物に結びつくという具体性をもった関係をとても興味深いと感じたことが、この研究を進めるきっかけであった。自然そのものを神の具現化とみるアイヌ独特の関係づけに関心をもったのであった。

　動物をみても、たとえばクマであれば「ヌプリ・コロ・カムイ」、つまり「山岳を・領有する・神」の意となる。ヌプリという奥山の領域を守る神がヒグマに具現化されるという観念は、空間領域区分と領域を守る神を想定する観念があって初めて成り立つ。では、なぜ他の動物ではなく、ヒグマがこのような関係づけの対象となるのであろうか。神々が具現化される関係性のおもしろさは、アイヌの人たちの生態、狩猟・漁撈・採集という生計と結びついた自然観と連動しながら神の観念が立ち現れていた点にある[18]。

　言語によっては、ことばがこのような形で超自然的な存在を表象しない場合もちろんありうる。しかし、たいていの場合、何らかの意味や思いが、神々などの超自然的存在の名称の中に込められることは多い[19]。超自然観を「ことば」から分析することは、エスノ・サイエンスのもともとのあり方とは違ってしまうかもしれないが、「ことば」から分析する一つのモデルケースと

---

[18] クマは、ヌプリ・コロ・カムイ「山岳を・領有する・神」あるいはキム・カムイ「山の神」として、肉と毛皮を与えてくれる神であり、クジラを浜辺に寄せてくれるシャチは、レプン・カムイ「沖の神」として、カムイ・ノミ(祈りの儀式)において必ず祀られる大切な神となる。アイヌの狩猟において欠かせない矢毒の材料となるトリカブトは、火の神の使いとしてクマをアイヌのもとに招き入れるスルク・カムイ「トリカブト・神」となる。

[19] サハにおいては、カラマツやシラカバはシル・イッチテ(大地・主霊)として、タバコや茶などの供物が捧げられる。家の竈には、ウォト・イッチテ(火の主霊)が居座るとされ、旅に出るときには、火の主霊に旅の安全を祈る。また、牛小屋であったり、領地の境界となる峠、湖には、その領域を守るイッチ(主霊)がいると考えられている。波照間島では、ツカサ(女性神役)が唱えるヤマヌパンと呼ばれる祈りのことばに、「マサルブツ、ケーシブツ、オールウヤン」(マサルブツという名の場所、ケーシブツという名の場所にいらっしゃる神)と登場するように、島内の各所には「○○にいるウヤン」と呼ばれる神々がいると考えられている。さらに、インドのトランス・ヒマラヤ地方のラダックをみても、「ラー」と呼ばれる地方神には、「タップ・ラー」(竈のラー)、「ザン・ラー」(橋のラー)、「ジン・ラー」(畑のラー)、「ユッ・ラー」(村のラー)などの観念をみることができる。

してアイヌの世界観の研究にとりかかったのである。この方法は、異なる文化を対象として、「ことば」から世界観を読み解く比較研究への道を開いている。

6 文化復興運動、民族性、伝統の連続性の研究から

　1990年代はソビエト連邦の崩壊など、世界情勢が激しく動いた。激動の世界情勢を反映し、世界各地の先住民運動も盛り上がっていた。先住民族における民族文化の存続、民族としての自決権を求める世界規模の運動は、1993年の国連での「世界の先住民の国際年（International Year of the World's Indigenous People）」の宣言、それに続く1995–2004年の「世界の先住民の国際の10年（International Decade of the World's Indigenous People）」の制定へと結実をみている。実際に、旧ソ連邦のシベリア諸民族であるサハやハンティにおいてシャマニズムや伝統文化の復興運動が興隆しただけではなく[20]、アイヌにおいても先住民族としての認知、旧土人保護法の廃止、アイヌ新法の制定を求める文化復興運動が盛り上がっていた。

　伝統文化復興運動は、現代化のなかで何を伝統文化として復興あるいは残し、民族性主張の核とするのかに着目すれば、一つの文化のなかでの通時的な「伝統の存続」という問題への比較文化研究となる。一方、異なる文化間での比較をすることにより、「伝統文化」が民族性（民族的・文化的アイデンティティ）の拠り所として求められるという、文化を超えた共通性が浮かび上がる[21]。それぞれの民族における伝統文化復興運動も、現代における文化の問題を考え

---

[20] ソビエト社会主義下においては、反宗教政策が徹底されたばかりではなく、民族的アイデンティティは否定され、ソビエト国民としてのアイデンティティが求められ、シャマニズムや伝統文化は抑圧されていた。ソビエトの崩壊により、抑圧から解放され、ソビエト連邦内の中央アジアではカザフスタン、ウズベキスタンなどイスラム共和国の独立をみることになるが、サハやハンティなどシベリア各地の諸民族においても民族的アイデンティティの主張、伝統文化やシャマニズムの復興が積極的に展開された [山田 2002; 2009]。

[21] たとえば、カナダのハドソン湾岸に住むクリーにおける「ブッシュ・フード」（森の食べ物）、アラスカのグイッチンにおける伝統的な「集会」、サハの「ウセフ祭り」（夏至祭り）、ハンティにおける熊祭りなどというように、民族のアイデンティティの核として、伝統文化が復興されている [煎本・山田 2007]。

る格好の比較文化研究の対象となるのである。

　この当時の文化復興運動に関する研究は、改革開放後のチベットにおける宗教復興、チベット難民における伝統的宗教・文化の維持の研究へと展開している。この問題への関心は、民族としてのアイデンティティは決して消滅することはなくグローバル化という世界の標準化が進む状況のなかでも維持されるという思いを強めさせてくれ、日本における地域活性化の問題へと引き継がれている。

7 ヒトの集団が存続し得るための文化を考える ——人類学がもたらす比較文化学への貢献

　以上で述べてきたように、比較文化研究には、地域文化をまたいで文化の比較をするアプローチのものと、時代をまたぐ時間軸での文化の比較、いわゆる文化動態を扱うものがあるということができる。エスノ・サイエンスの研究が前者であるとすれば、伝統文化復興や伝統の維持の問題は後者に相当するといえる。

　実際、比較文化研究は、『南島の自然誌』[山田 2012]で示したように、八重山地方における各島の文化の独自性の存在と八重山文化という地域に根差した共通文化の存在を明らかにする。また、時間軸に沿って比較すれば、島の伝統文化は核となるものが維持され、島民のアイデンティティの源泉となること、現代においては祭りがその核の役割を担うという共通性を明らかにする。

　これまで一つの地域のみを研究対象とするのではなく、複数の地域を対象として人類学のフィールド調査をしてきた。私の調査の遍歴は、人間社会を読み解こうとするなかで比較研究をする結果となったものであるが、比較から人間社会を読み解くことは、フィールド・サイエンスとしての人類学本来の姿ではないかと考えている。

　最終的に「人とは何か」をフィールド調査から総合的に読み解くことが人類学であり、「人とは何か」を理解できれば、異文化理解も進むのではないだろうか。「人とは何か」を、とくに「人びとがもつ文化とは何か」に焦点をあて

てフィールド・サイエンスとして比較の視点をとりながら考える道は、人類学的アプローチからの比較文化学そのものである。

ここで付記しておきたいのは、これまでの私の研究が比較のための比較研究ではなかったことである。核となるフィールド調査地があったうえでの比較研究であり、核となるフィールド調査研究があってはじめて、実りある比較文化の研究になると考える。

今日、人類学はあまりにも細分化されすぎていて、「○○人類学」が溢れている。だれもが○○人類学の専門家であればいいようになっているといえる。しかし、私の同世代の研究者の多くは、「○○人類学」ではなく、「人類学」として「人間とは、文化とは何か」を問う姿勢を共有してきた。どこからアプローチするかという入り口の違いであり、それは政治かもしれないし、社会関係かもしれないが、生物学的なことをも含めて人間というものを総合的に考えるという人類学の教育を受けてきた。

文化が違っても、そこには必ず生物としてのヒトが存在し、生きていくために必要なものが何かを考えつつ、環境との関係や生態条件と結びつきながら、それぞれの文化を成立させていると、私は常に考えてきた。そのように捉えたうえでの比較、比較文化は、ヒトの集団としての文化が存続すること、生きていくための文化とは何かを考えるヒントを与えてくれる。個々の研究は細分化された研究であったとしても、「ヒトとは何か」を問う立場に立って「文化とは何か」を考える姿勢が大切になると考えている。このような人類学的比較文化研究は、文化を相対化するまなざしを身につけ、自文化と同時に多文化の理解を育むことを目的とする比較文化学の一つの有効なアプローチになるといえよう。

参考・参照文献

Conklin, H.C. (1954). *The Relation of Hanunóo Culture to the Plant World.* Ph.D. dissertation in anthropology, Yale University.

————— (1962). Lexicographical treatment of folk taxonomies, *International Journal of American Linguistics*, vol. 28, no. 2, part IV, pp. 119-141.

Sapir, E. (1947). The Relation of American Indian Linguistics to General Linguistics. *Southwestern Journal of Anthropology*, 3(1): 1-4.

Whorf, B. L. (1941). The Relation of Habitual Thought and Behavior to Language. In: L. Spier, A. I. Hallowell, & Stanley S. Newman (eds.), *Language Culture, and Personality*, Menasha, Wis.: Sapir Memorial Publication Fund, pp. 75-93.

Yamada, T. (1999). *An Anthropology of Animism and Shamanism*. Bibliotheca Shamanistica, vol. 8. Budapest: Akadémiai Kiadó.

知里真志保 (1953)『分類アイヌ語辞典　植物篇』日本常民文化研究所。

—————(1954)『分類アイヌ語辞典　人間篇』日本常民文化研究所。

—————(1962)『分類アイヌ語辞典　動物篇』日本常民文化研究所。

デュボワ、J. 他 (1980)『ラルース言語学用語辞典』伊藤晃、木下光一、福井芳男、丸山圭三郎 他編訳、東京：大修館書店。

初島住彦 (1975)『琉球植物誌』(追加訂正版) 那覇：沖縄生物教育研究会。

煎本孝・山田孝子 [編] (2007)『北の民の人類学——強国に生きる民族性と帰属性』京都：京都大学学術出版会。

タイラー、E.B.(1962 [1871])『原始文化——神話・哲学・宗教・言語・芸能・風習に関する研究』比屋根安定 [訳]、東京：誠信書房。

山田孝子 (1977)「鳩間島における民族植物学的研究」伊谷純一郎・原子令三 [編]『人類の自然誌』東京：雄山閣、pp. 241–300。

—————(1984a)「沖縄県、八重山地方における植物の命名、分類、利用——比較民族植物学的考察」『リトルワールド研究報告』7：25–235。

—————(1984b)「ニンドゥ族の住居と植物の世界」伊谷純一郎・米山俊直 [編]『アフリカ文化の研究』京都：アカデミア出版会、pp. 621–670。

—————(1986)「アイヌの植物分類体系」『民族学研究』51(2)：141–169。

—————(1994)『アイヌの世界観——「ことば」から読む自然と宇宙』東京：講談社 (選書メチエ)。

—————(2002)「サハにおける文化復興とシャマニズム・儀礼の復興」煎本孝 [編]『東北アジア諸民族の文化動態』北海道大学図書刊行会、pp. 319–356。

—————(2009)「少数民族として生きる人々——アイヌの文化復興運動を担った男性・女性」『人環フォーラム』24: 16–21。

—————(2012)『南島の自然誌——変わりゆく人 – 植物関係』京都：昭和堂。

—————(2017)「『食』の比較文化学にむけて——人 – 自然関係の人類史と民族誌から」山田孝子・小西賢吾 [編]『食からみる世界』(シリーズ比較文化への誘い 2)京都：英明企画編集。

「道しるべ」としての比較文化学

複数の文化を生きつづけるために

小西 賢吾

1 そもそもなぜ文化を比較するのか

　筆者が大学院で文化人類学を学んでいたとき、ある先生がゼミで「単に比較するだけでは研究のための議論をしたことにはならない」と発言したことが、今でも印象に残っている。これはどのような意味だったのだろうか。

　「文化」を対象とする学問的営みは、多かれ少なかれ、住み慣れた「あたりまえ」の空間から一歩踏みだし、未知の他者としての「異文化」に出会うことから始まる。そして、調査を進める中で、ことばだけではなく五感すべてを動員して身につけた知を通じて、徐々にその異文化が自分の中に像を結びはじめる。それは、これまで慣れ親しんだ「自文化」とはまったく異なるようで、意外とどこか似ているようなところもある。さらにより詳しく知るにつれて「○○文化が少しは理解できた」と感じる瞬間が訪れる。すると、「日本では○○だが、どこそこ（筆者の場合だと中国・チベット）では□□だ」、「どこが似ている」、「どこが異なる」といったことを語ることができるようになる。

　こうした語りは、その文化になじみの薄い聞き手をしばしば魅了する。見知らぬ他者を通じて世界の広さを実感し、自分の「あたりまえ」が揺さぶられることによって好奇心がよび起こされるからである。これは、多様な地域を専門とする研究者が集う共同研究会の場でもしばしば起こる。未知の地域の話をじっくりと聞くことは面白く、参加者が口々に「私のフィールドではこうだ」という話をして盛り上がることも少なくない。

　だが、比較文化の営みをこうした個別の「面白い」話から一歩進めて、違いや共通性の背景や理由について考えることは意外と難しい。比較の先になにがあるのか。それを問いつづけることではじめて、文化の中で生きている人間についてなにかを明らかにしようとする視点が生まれる。それは、学問上の問題にとどまらず、現代のグローバル社会に向き合い、生きぬくための姿勢とでもいうべきものにも関わっている。本稿では、筆者の経験をもとにして、この問いかけについて考えていきたい。

2 親近感と違和感のはざまで ―― チベット社会、ボン教徒のフィールドワーク経験から

　筆者は2005年以来、中国四川省シャルコク地方のチベット社会でフィールドワークを行い、そこで出会ったボン教徒とよばれる人びとの研究を行ってきた [小西 2015]。ボン教は、チベット高原への仏教伝来からの伝統の流れをくむといわれる宗教であり、チベット文化・文明の形成に大きな役割を果たしてきた。チベットの自然と結びついたローカルな神がみや、中央アジア由来ともいわれる多様な思想や儀礼は、一筋縄では理解できない巨大な他者として立ちはだかり、その異質さ、ある種の神秘性ゆえに筆者を強く魅了してきたともいえる。一方で、フィールドでの経験を振り返ると、最初に感じたのはむしろ親近感であったことにも気づかされる。

　シャルコク地方では、外国人による調査がこれまでほとんど行われてこなかった。2005年当時、比較的外国人に対する規制が緩やかであったこと、人脈に恵まれたことなど、偶然が重なって調査をすることができた（詳細は小西

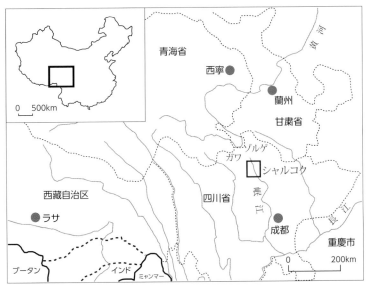

▲図1 中国四川省シャルコク地方の位置
〈筆者作成〉

◀写真1 シャルコク地方の風景。中国有数の大河である長江の源流のひとつ、岷江（みんこう）が刻んだ谷沿いにチベット族の住む集落やボン教の僧院が点在する。古くからチベット社会と漢族社会の境界に位置し、交易の拠点となってきた。標高約3,500mに位置するため夏でも冷涼な気候である

［2017］を参照）。第一印象としてその風景が光り輝くように見え、どこか懐かしさを感じたことを覚えている。山々に囲まれた小さな峡谷に瓦葺きの家々が連なる村は、それまでチベット高原の圧倒的なスケールを前にいささか萎縮していた自分に、ふと日本に帰ってきたような感覚をよび起こすものであった。「似ている」、「同じだ」という感覚は、異質な他者と自分を急激に引き寄せる作用を持つ。偶然の類似や一致を「縁がある」と解釈することも多いかもしれない。

　最初に村に泊まった日、長距離バスが遅れて夜半に到着した筆者に、僧院で余った夕食をごちそうしてくれたのが僧侶たちであった。その後僧院の片隅に住み込み、村の日常の中で宗教がどのように継承されているのかについて調査を行ったが、僧侶たちと過ごす空間は居心地の良さを感じるものであった。父方の実家が寺である筆者にとって「お坊さん」は幼い頃から慣れ親しんだ存在であり、ことばや見た目が違ってもやっぱり似ているのだ、という感覚が親近感や安心感の源泉であったと感じる。

　ところが、長く滞在するうちに、カルチャーショックにうちのめされることになった。朝起きてツァンパ❶とバターの入ったどろっとした茶をのむこ

---

❶ オオムギを煎って粉にしたもの。チベット系諸民族で主食となる。

と、普段は入浴しないこと、過酷な気候。こうした違いは、どちらかというと想定内のものであった。素朴な文化相対主義にしたがって、異文化を安易に価値判断せずに受け入れていく。時に違和感やつらさがあっても（特に一月以上入浴しなかったのはなかなかこたえたが）、そんなものだと思える余裕があった。しかしある日、体調を崩してしまうほどのショックが訪れる。それは「死」をめぐるものであった。

　輪廻の思想が死生観に深く根ざしているチベットでは、死者は死後49日を経ると必ず生まれ変わるとされる。死後赴くバルド（中有）❷では多様な神がみや光のビジョンがあらわれ、死者はどこに転生するか、もしくは輪廻を離れて解脱できるのかが決定される。このような死をめぐる思想や技法は「チベットの死者の書」に代表される書物によって西洋にも広く紹介されている（日本語訳として、川崎［1993］）。一般の人びとが立派な墓を作らず、基本的に祖先崇拝も行わないのは、こうした考え方にもとづいている。

　ロサル（チベット暦正月）から数日経ったある日の晩、友人がふとした事故（階段から落ちて頭を強く打った）で生死の境をさまよったことがあった。その時に、その友人の家族がほとんど慌てることがなかった様子にとまどいを覚えた。あきらめでも我慢でもなく、淡々と死に対処する人びとの姿は、生と死という人間存在の根本をめぐる価値観をゆるがすものであった。仏教をはじめとする宗教的な死生観を頭で理解していたつもりでも、筆者にとって死は恐ろしく、忌むべきものとしてあった。それを（本当のところはわからないが）恐れず、次のステージに進むかのように受け入れる「かれら」が、ふいに理解できない存在として立ち現れたのである。友人は奇跡的に一命をとりとめたが、筆者は当初それを喜ぶ余裕もなく、激しい頭痛と下痢におそわれて布団から起き上が

---

❷仏教やボン教では、生きとし生けるものはすべて生と死を繰り返し、生前の行いに従って多様な世界に生まれ変わるという輪廻の思想が説かれ、そのサイクルから離脱（解脱）することが最終目標とされる。チベットでは、人の魂は死後バルドとよばれる状態に入り、49日のうちにそこから出て転生するとされている。バルドでの振る舞い方や、よりよい来世に生まれ変わるための方法を説いた「チベットの死者の書」は欧米や日本に紹介され、大きな反響を呼び起こした。特にNHKで1993年に放映されたドキュメンタリー「チベット死者の書」はアニメーション作家の宮崎駿に影響を与え、現在そのDVDがスタジオジブリ「学術ライブラリー」シリーズとして販売されている。

れなかった。

　死をめぐるカルチャーショックは、自分の身体に刻印された「日本的なもの」をもあぶり出した。別の機会に、葬儀に立ち会うことがあった。チベットで有名な鳥葬(天葬)❸は、シャルコク地方ではハゲワシが生息しないため行われず、もっぱら火葬と土葬である。特に病気で亡くなった者は火葬にすることが多い。その日、肝硬変で若くして亡くなった男性の火葬に立ち会い、棺が露天で火にくべられ、儀礼が行われる中で遺体が灰になる一部始終を観察していた。それ自体もインパクトのある経験であったが、より印象に残ったのは、帰り道で「体に塩をかけたくてたまらなくなった」ということであった。日本では葬儀のあと、ケガレを祓う意味で塩が配られ、帰宅時に体に振りかけることが多い。しかし、それをチベットでやろうとすると、「ばかなことをするものだ」と笑われたのであった。確かに、葬儀のあと塩を振りかけることでなにかが浄化されることに、なんらかの必然性や科学的な理由があるわけではない。しかしその考え方や行動の回路とでもいうものが、体を通じてここまで自分を縛っていたことに、驚かされたのである。

　こうした体験を通じて、異なる・似ているという視点をこえて、たとえば死とはなにか、身体とはなにか、というようなより普遍的な問題を考える道筋が開かれていった。決定的なカルチャーショックの経験は、異文化理解や他者理解の困難さをつきつけるものであった。だが、くじけそうになったときに、その他者との出会いこそがチベットでの貴重で豊かな経験をもたらしてくれていたことに思いいたった。フィールドワークに限らず、人生は異質な他者と出会い、関係を築いていく過程に他ならない。親密感と違和感のはざまで、どのように他者と向き合うのか。それは、学問にとどまらず現代社会を生きていく上での姿勢にも関わっていることを、身をもって実感したのであった。

---

❸ チベット文化圏で広く行われる葬儀の一形式で、死者の肉体を切断してハゲワシなどの猛鳥に食べさせるものである。村はずれや僧院などに台が設けられ、遺体の処理には専門の人びとがあたる。魂が抜けた後の肉体はもはや不要のものであり、動物に施すということが第一義である。そのインパクトから特に外国人から関心を集め、好奇心から参観する者が増えたため、現在では部外者が見ることはほとんど禁止されている。

3 あなたとわたしをつなぐために

　異文化の中で長く生活し、帰還すると、それまでの自分とはなにかが異なっていることに気づく。「第二の故郷」という言い方があるように、新たな「帰る場所」、自分の足場ともいえるものができているのだ。足場が増えることによって、文化や人間に関する視点は多角化し、深い洞察が可能になる。川田順造は「文化の三角測量❹」という概念を用いて、複数の文化に立脚して人間への洞察をたちあげる複眼的な調査実践の有効性を提示した［川田 2008］。それは、複数の文化をまたいで生活することによる自己の変容を前提としている。

　こうした経験は、いまやフィールドワークをする専門家に限られたものではない。加速するグローバル化の中で、地域をこえて文化的他者と出会い、対話し、時に生じる衝突をいかに回避するかという課題は、学生が「社会」に出て生活していく上での差し迫った事態としてつきつけられている。海外で働く場合はいうまでもなく、日本で働いていても、外国とのやりとりや、外国人の同僚がいることは珍しくない。自分の「あたりまえ」がまったく通用しない相手とどのようにコミュニケーションをとるのか。日本で生まれ育ち、暮らしていたとしても、すべての人が均質な文化を身につけているということは想定できない。グローバル社会とは、必然的に複数の文化をまたいで生きること、それも一時的な異文化体験ではなく、多様な文化を往還して生きつづけることを要求するものなのである。

　一方で、自文化のリアリティは私たちを強くしばっている。たとえばこういうケースを考えてみよう。北陸地方のある大学では、人文学部の1年生が全員留学を経験する。入学したばかりの新入生に、「留学してやりたいことは？」ときいてみると、「日本文化を発信したい」という答えが返ってくる。しかし、続けてこのような問いを投げかけてみる。「みんながいう日本文化ってなんのこと？　日本には1億人以上の人がいる。たとえば北陸で生まれ育った人たちは、これまで九州のことはよく知らなかったと思う。でもみんなの中に日本文化のイメージがあるとすれば、それはどこから来たのだろう？」

❹ 座談Ⅱの註9（64ページ）も参照。

こういうと、だまりこんでしまうことが多い。そして、具体的にどれが日本文化だという話になると、やはり兼六園や工芸などの「伝統的」なもの、そしてアニメや漫画など、世界的に注目されているものを挙げる。

　文化とは、私たちにあたりまえのようによりそっている面と、あたかも実体として存在するかのようにやりとりされる面がある。後者をクローズアップして、「文化」概念がどのように構築され利用されるかという視点から考えるのももちろん興味深い。しかし、一人ひとりが居心地のいい世界を抜け出して様々な境界を飛び越え、異質な他者と出会うとき、親近感と違和感のはざまで自分の中の「あたりまえ」はゆらぎ、描いていた「文化」像が時に崩れたり、時に強化されたりすることもあるだろう。それを動かすのは、抽象的な「文化」概念ではなく、眼前に登場する人間である。

　そうした相手を、「かれら」として遠くからみつめるのではなく、「あなた」と「わたし」としてどのように向き合うことができるのか。自らに問いつづける中で、複数の文化をまたいで生きつづける自己が形成されていく。それは、自文化のくびきから解き放たれて、まだ見ぬ自己の可能性を探究する道のりかもしれない。決して楽ではないかもしれないが、それは価値観や技術が常に猛スピードで変化する現代社会に流されることなく、自らの存在基盤を確立して豊かな人生を目指す道のりでもある。比較文化学の知識と視点を道しるべにして、その第一歩を踏みだしてみてはいかがだろうか。

参考・参照文献

川崎信定［訳］(1993)『原典訳　チベットの死者の書』東京：筑摩書房。

川田順造(2008)『文化の三角測量——川田順造講演集』京都：人文書院。

小西賢吾(2015)『四川チベットの宗教と地域社会』東京：風響社。

————(2017)「チベット族とボン教のフィールドワーク——縁をたぐり寄せ、できることをすること」西澤治彦・河合洋尚［編］『フィールドワーク——中国という現場、人類学という実践』東京：風響社、pp. 137-153。

座談会 II

グローバル時代における比較文化学の方法論

飛び込む、考える、問い直す

●参加者●

池谷和信／川村義治／小磯千尋／小西賢吾／
アヒム・バイヤー／本康宏史／山田孝子

分野横断的な学問である比較文化学では
その研究方法も多岐にわたります。
代表的な手法の一つであるフィールドワークを中心に
五感のすべてを働かせて、対象を多面的・包括的にとらえる
比較文化学の方法論を学びましょう

山田孝子●比較文化学では、人類学や歴史学、文学などの比較文化研究の成果を統合して、異文化を理解し、互いを認めあう考え方や姿勢を学びます。分野横断的な学問ですから、その方法も多岐にわたり、入り口も多様です。慣習や制度、さらには暮らしのなかで使われている道具などの「モノ」を起点に考えることもできます。国立民族学博物館（以下、民博）には世界中の「モノ」が集められていますから、比較文化学を学ぶ入り口としてふさわしい施設ですね（写真1）。

池谷和信●民博の展示場の強みは、具体的な「モノ」をみながら短時間で世界をまわれることにあります。常設展示をすべてみると約4.8キロ歩くことになりますが、模擬的な世界一周を体感できます。

文化を比較する姿勢と心構え
——いかに比べ、どう考えるのか

モノから考えるグローバル化と地域

池谷●民博の展示で現在もっとも悩んでいるのは、各展示場にはその地域特有の「モノ」を展示していますが、実際はグローバルのコーナーにこそ現代世界の本質があるのではないかということです。

たとえば新宿の歌舞伎町などには、アジア系の人びとを中心に外国人がたくさん訪れ、暮らしています。このことは日本が多文化共

◀ 写真1
民博の展示
民博は、世界の人びとの暮らしに密接なかかわりがある「モノ」が展示され、みて、触れて、考えることができる「知の空間」。「モノ」を起点に比較文化学を始めるには恰好の場

**▶写真2
ジー・ビーズ**
加工技術はすでに
失われており、本
物は稀少。近年は
工業製品が出回る
ようになっている

生社会に近づきつつあるという事実を示しています。今後はさらに外国人の往来が増える可能性は十分にあって、自分たちの身近なところにどんどん外国人が押し寄せてくる時代になっているわけです。

　こうしたグローバルな状況を表現する展示のほうがリアリティをもつのですが、そこに展示するのにふさわしい具体的な「モノ」がありません。たとえばチベットのジー・ビーズ[1]（写真2）は、本物なら現在では数百万円から1,000万円で取り引きされています。このビーズの「モノ」としての価値は、商売人がチベットやブータンの人からそれをいかに買い取って世界的な流通市場にのせるかというグローバルなレベルの話のなかで決まります。日本でもそのトレーダーとして生活している人がいるぐらいです。しかし世界でもっとも高額なビーズですから、展示に含めることは難しくなっています。

　一方で、たとえば食のグローバル化を示す一例としてヨーロッパのインスタント・ラーメンの袋なども展示していますが、「わざわざお金を払ってみるものじゃない」という話になってしまう。民博の「モノ」がもっている情報をいかに魅力的に伝えるかが課題で、そのためには世の中とのなんらかの接点が必要だと考えています。

川村義治●たとえば一つの言葉にも多くの意味があるように、モノには多様な側面がありますよね。ビーズについても同様で、金銭的な価値は一つの側面であって、それを身につけることで、たとえば死者とつながるとか、思い出につながるとか、さまざまな人間の思いや情報が背景にある。博物館の展示でも、「モノ」の存在だけで

---

[1] 乳白色の瑪瑙に特殊な加工を施し、部分的に染めることで文様がついた宝石「ジー（gzi）」のビーズ。チベット人やネパールのチベット系の人びとは、魔除けや邪視除け、あるいは幸運をもたらすものとして珍重する。文様は「目」と呼ばれる円と線からなり、目の数が多いほど高価とされる。

▼写真3〈左〉
クジラの歯
フィジーでは結婚式や葬式、首長間の争いを収めるためにも使われる

▲写真4〈中〉
アフリカの仮面
タカラガイを使用

▲写真5〈右〉
メキシコの仮面
全面にガラス・ビーズを使用

はなく、その多義的な部分がみえてくるとおもしろいと思います。
池谷●たしかにそうですね。民博で「ビーズ——つなぐ・かざる・みせる」という特別展の準備をしていても、なぜ人間とその「モノ」がつながるのかという原点の部分がわからないのです。たとえばフィジーではクジラの歯が儀礼や装飾品に使われますが（写真3）、日本ではクジラがいても使わない。あるいは仮面にガラス・ビーズをつけるのはメキシコだけで、アフリカでは貝殻は使ってもガラス・ビーズはつけません（写真4、5）。これがなぜかとなると答えは難しい。それはそれぞれの文化のアイデンティティに関わる部分なのかもしれません。

宗教とビーズをめぐる比較の試み

池谷●今回のビーズ展では、ビーズについて知らない人や民族学にあまり興味がない方にも来ていただこうと、体験型の企画を多く入れました。ペーパー・ビーズを製作するイベントも実施しました。
小磯千尋●いまビーズ・ワークは人気ですね。うちの学生もイヤリングをつくってみんなにプレゼントしてくれました。紙のビーズってすごく味わいがありますし、おしゃれですよ。
池谷●ビーズというのは「揺りかごから墓場まで」といわれていて、

小さい子どもでもつくることができるし、エジプトのようにお墓にビーズを入れる文化もあります。人の一生すべてと関わっているもので、10万年以上の歴史があるといわれます。

アヒム・バイヤー● 滋賀県の大津で地蔵盆に参加して、みんなで大きな数珠を回したことがあります。数珠もビーズに似ていますね。

池谷● 今回の展示でも、京都の知恩寺から大きな数珠を借りました。まさに数珠はビーズの延長線上にある存在です。煩悩の数に合わせて珠が108個になっているとか、意味があるわけです。宗教とビーズとの関係は、比較文化学の一つの大きなテーマになり得ます。イスラムでも、スブハ、ミスバハ、タスバと呼ばれる数珠を使いますし、キリスト教でもとくにカトリックはロザリオ[2]を使いますよね。

小西賢吾● チベットではマントラを唱えた回数を数珠で数えます。

池谷● ヤクの骨でつくった数珠はありますか。

バイヤー● 数珠の素材は祈りを捧げる神様によって違います。たとえば仏教の教えである「法」を守る護法神の数珠は、骨でつくることがあります。人の骨を使うことも、ヤクの骨を使うこともあります。他にもハスの実や水晶、銀など、いろいろな素材があります。

小磯● インドのマハーラーシュトラのヒンドゥー教徒で、バクティという信仰形態をしている人たちは、メボウキ、トゥルスィー[3]（写真6）と

▶**写真6**
トゥルスィーの木
聖木として庭に植えられている〈インドのマハーラーシュトラ州〉

2) 聖母マリアへの祈り（アヴェ・マリア）を繰り返し唱える際に用いる数珠状の祈りの用具。一般に大珠6、小珠53を連ねて、端には十字架が付く。

3) バジルと似た形状のシソ科メボウキ属の木本。菜食の誓いをした人だけが、この木でつくった数珠を身につけることが許される。

◀写真7〈左〉
メボウキの数珠
13世紀にマハーラーシュトラのバクティを牽引した聖者ジュニャーネーシュヴァルの像。メボウキ(トゥルスィー)の数珠をつけている

◀写真8〈右〉
聖者の像の数珠
17世紀の宗教家ラームダースの像。ルドラークシャ(シヴァ神の目)と呼ばれるインドジュズノキの果実の核でつくられた数珠と石の数珠をつけている〈7、8ともにインドのマハーラーシュトラ州〉

いう木でつくった数珠を必ずつけるきまりがあります(写真7、8)。形は普通の数珠ですが、それをつけないと巡礼に参加できない。

バイヤー● 19世紀に、インド人が大英帝国のために、お坊さんや俗人の姿をして数珠を持ってチベットのいろいろな場所を歩いて、スパイ活動をしていたということがありました。数珠を使って歩数を数えながら歩いて、距離を測っていたのです。

小西●私もフィールドワーク中に何千回かマントラを唱えましたが、そのときは木の数珠で回数を数えました。それは日本の数珠ほど複雑なものではなかったですね。

小西●こうして一つのトピックについて話してみると、「文化を比較する」と口で言うのは簡単ですが、どうすれば本当の比較ができるのかは難しいですね。民博などの共同研究会に参加しても、「私のフィールドではこうだ」、「うちではこうだ」と世界の多様な事例を出すことはできますが、それを比較した先にどんな像が結ばれてくるのかを考えると、どうもうまくいかないときもある。

池谷●それは同意します。民博の研究会は、たいてい複数地域の研究者が集まって開きますが、リーダーが最後に内容をまとめると、ただの事例集みたいになってしまう。それだけ知られていない事実がまだあるということですから、それを発掘することにも意味はあ

世界全体を**意識**しつつ**複数地域**をみる

りますが、理論的な枠組みは生まれていないわけです。

　たとえば金沢の市場の話から地球の全体までつながるような理論的な枠組みがないと、事例が無限にあっても応用が利かない。10年後にはまた事例の状態がすべて変わって、研究は永遠に続きますが、本質的な部分にはたどり着かないことになりがちです。

小西●特殊で興味深い、一見おもしろい事例は集まりますけどね。

池谷●集まっても、むしろ特殊性が強調されて個別化に向かってしまうことがあります。比較文化学では、民族や文化というものが世界レベルでどのように動き、位置づけられていくのかという大きな動きにも気を配り、理解しないといけないと思います。学生さんに限らず研究者も、集まると自分のテリトリーを大事にして、個別化に向かって、なかなか討論にいかないことが多い。

小西●ビーズについての世界的な動きに絡めていえば、現在チベットのジー・ビーズは中国で投資の対象になっています。チベット犬[4]（写真9）や冬虫夏草[5]なども投資の対象です。他には、チベットやモンゴルではサンゴが珍重されますが、日本の高知県でそのサンゴを仕入れて現地で売るという話もあります。

池谷●やはり複数の民族や文化をみないと、現代の多様な現象を理解し

▶**写真9
チベット犬**
中国の富裕層のあいだでは地位の象徴ともされ、一時は香港にもブームが拡がりをみせた。現代の現象を正確にとらえるうえでは、世界全体への意識が欠かせない

---

[4] チベタン・マスティフ、漢語では藏獒と呼ばれるチベット高原原産の大型犬。勇猛な性格とたてがみのような毛を持つ姿が特徴。かつてチベット高原では牧羊犬や番犬として広く飼われていたが、2010年代前半に中国都市部で愛玩用として人気が高まった。近年ではブームの終息とともに価格が下落している。

[5] チベット高原に産する、一般にガの幼虫に寄生して育つキノコの一種。多くの種類があるが、学名 *Ophiocordyceps sinensis* がよく知られる。生薬として多様な効果をもつとされ、とくに中国医学で珍重される。チベット高原において夏場に採集され、高値で売却されるために現地の人びとには貴重な現金収入源となっている。その一方で、偽物の流通も問題になっている。

て議論することはできません。たしかに現代のチベットについて考えるには、中国、モンゴル、さらには日本の調査もいる。複数の視点からみることは、比較文化学に不可欠だと思います。

質的データを
総合して
その**魅力**を
発信する

川村●グローバル化の一つといっていいかもしれませんが、近年どこでもミシュランガイドをはじめとするレストランのランクづけがあるでしょう。世界第何位になったとか星がいくつだとか。現状はそちらのほうに振り子が行っていますが、こればかりとは限らない。そのうち違うムーブメントが起こる可能性がありますよね。

池谷●それに関連していま私が危惧しているのは、大学にしても学問の世界にしても、すべてがランキング重視になってしまっていることです。多様性がなくなって、論理の層がすごく薄くなっている。

本康宏史●たしかに昨今では、量的でわかりやすいことからなんでもランキングが導入されますが、人間の世界には、それだけでは測りきれない多様性や複雑さがあると常に思っています。21世紀に通用する枠組みとして、数値化できないものをどう魅力的に提示できるかが問題になりますね。

池谷●そこは大きなポイントになるかもしれません。現在の学問の世界では、質的なデータに対しては、とくに理系の研究者はほとんど信用しないぐらいの状況です。比較文化学の成果のなかから、数値化できない、質的な部分をどのように説得力あるかたちで示すことができるか。これは重要になると思います。

　私の先生だった川喜田二郎[6]さんが開発した「KJ法[7]」という情

---

[6] 1920年－2009年。日本の地理学者、人類学者。京都帝国大学卒。学生時代から登山・探検活動を行なう。大阪市立大助教授をへて東京工業大学、筑波大学、中部大学の教授を歴任。大興安嶺、ネパールなどの学術探検に参加。1984年にネパール山村への技術協力によりマグサイサイ賞を受賞。

[7] フィールドワーク等で収集した大量の情報を効率よく整理するための手法として川喜田二郎が考案。名前はその頭文字に由来する。収集した情報をカード化し、同系統のものでグループ化することで情報の整理と分析を行なう。

報処理法は、現在ではかなり古いといわれていますが、これもさまざまな質的なものを総合する方法の一つです。これが万能だというわけではありませんが、質的なものや、総合力に重きを置いた学問の流れがあまりにも軽視されてきてしまったことは問題です。むしろ現代の世の中では、そちらの能力が必要とされている。多様な意見が出てきたものをいかにまとめるかという力が求められますし、それができるほうが仕事の能力が高いとみなされるわけです。

山田●比較文化学を学ぶなかでは、一つの文化だけに固執するのではなく、広い視野をもって自分の文化も振り返るし、他の文化にも目を向けます。その意味では、総合的な力が軽視されている現代に有用な学問だといえるかもしれません。

また、昨今のランキングや量的評価の偏重は欧米的価値観の影響でもあります。21世紀には欧米に頼らない評価や価値をつくりあげることも重要だと思いますね。

比較文化学の基本にして根幹 ——フィールドワークのすすめ

対象を多面的・包括的に把握する

山田●私が大学院に進学するにあたって、当時の京都大学には「文化人類学」を学ぶ研究室はなく、「人類学」を志して京都大学理学部の自然人類学教室・研究室に入りました。そこでサルなどの霊長類研究、人類進化の研究を学ぶなかで、現在の人間社会を対象とする研究に向かいました。このため、人間の社会、文化を考えるときも、進化という人間のもつバックグラウンドも踏まえながら、現代においてそれぞれの環境のなかでどう生きているかなど、「文化」を狭く限ってみるというより総合的にみる教育を受けてきました。だからどこに行っても全体を把握しようという見方をします。

しかし、いまの若い人たちは自分が決めた狭い範囲だけに集中してみるところがあって、ものの見方がどんどん狭くなってしまいま

す。そこで比較という行為をすることによって、自らの文化についての問い直しもできるのかもしれません。

池谷●比較文化学をするうえで難しいのは、比較する場合はまずどこかを選ぶので、その時点で全体像よりは共通性や個別性に目が向きがちなことです。どうやって全体を把握し、総合するかというところが難しい。KJ法もそうですが、川喜田さんなどが民族誌や地誌を集めた理由はそこにありました。一つの社会を多面的・包括的にみようとしたわけです。しかし異質な情報が多様にあると、学生さんはもちろん研究者だって、それをどうまとめたらいいか、その方法論はかなり難しい。全部を一定の台に載せて比較して俯瞰しないと、総合することはできません。

小西●ある程度の経験なり、場数なりが必要だということですね。

池谷●経験は大事です。事例を多くみないと難しいでしょう。

山田●私は多様な環境に暮らす人びとを対象に調査をしてきましたが、振り返ってみると、最初から複数のものと比較しつつ現場に入り、背景も含めて対象全体をとらえようとするフィールドワークに自然になっていたと思いますね。

*仮説*を
*立*てて*臨*み、
*情報*を「咀嚼」し
「*反芻*」する

川村●全体をとらえる、総合するというのはさまざまな個別の事物を関係づけることが前提になりますね。たとえばカラーターム（色彩語彙）[8]の研究です。人類学の調査を各地で進めると、虹の色の数の違いが示すように、色のとらえ方は地域によって大きく異なりますよね。一方で色を表現する語彙に共通性もみえてくる。民族によって色彩を表す言葉の数が異なっても色彩用語の出現順に一

---

[8] カリフォルニア州立大学バークレー校で教えていたBrent BerlinとPaul Kayによる共著［Berlin and Kay 1969］が契機となり、色彩語彙の研究が進む。BerlinとKayは、色彩基礎語彙の言語間比較をとおして、「くろ」という一つの色彩語彙のみをもつ第Ⅰ段階から「あか」、「き」、「みどり」、「あお」、「ちゃ」にさらに「むらさき」、「ピンク」、「オレンジ」または「グレイ」などが加わった七つ以上の色彩語彙をもつ第Ⅶ段階へと進化するという仮説を発表したことで知られる。

グローバル時代における比較文化学の方法論——飛び込む、考える、問い直す

◀写真10〈上左〉
呪医による
治療のようす

◀写真11〈上右〉
ウリの種取り

◀写真12〈下〉
藁葺きの住居

フィールドワークでは、衣食住に関するものをはじめ多様かつ多量な情報が得られる。そこで問われるのが要素をつなぎ合わせて総合する力〈10、11はアフリカのニンドゥが暮らす地域、12はテンボの村〉

定の法則性が仮定できると習いました。

山田●いずれにしても、最初は一つのポイントから入るしかない。そのあとにみていくとき、どうつなぎ合わせるのかが問題になります。

小西●どうつなぐのかを意識的に考えながら取り組まないと、それはできないですよね。

池谷●そうですね。先ほどもいったように、フィールドワークではあまりに多くの情報が集まりすぎて、まとめたり総合したりすることが難しい面もありますが、それは見方を変えれば、よけいなことも含めて否応なくたくさんの情報にさらされるということでもあります。その点ではつなぎ合わせるための要素が多くなるわけですから、総合する力を養うのにも都合がいいともいえます。

山田●たしかに、狭い範囲ではなく広い視野で対象をみて、みたものについてていねいに考えることができたら、総合することもできるようになります。

川村●研究者でも学生さんでも、フィールドに入るときには当然自分なりの予想や仮説をもって行くわけですよね。その予想が裏切られたり仮説が崩れたりするなかで現実と対応しながら考えていくのでしょう。そのプロセスがたいせつだと思います。

63

山田●まさにそうです。だからこそ、どれだけ疑問をもって行けるかが重要です。もって行けば、これもみなきゃいけない、あれもみなきゃいけないとなってくる。

川村●目の前の事実だけにとらわれるとわからなくて、事実を自分なりに咀嚼して、さらには反芻するようなプロセスがないと、総合できないのですね。

一拠点を深堀りして、レベルを変えて比較する

小西●フィールドワークをする研究者には、一つのフィールドをずっと調査する人と、複数を比較文化学的に調査する人とがいますね。また、三つの地点に立脚する「文化の三角測量[9]」という方法もあります。実際に現地に行って直接みることで初めて感じるものがあることは間違いないので、学生のみなさんにもぜひフィールドに出てほしいと思いますが、1か所だけではなく多角的にとらえることで初めてみえてくるものには、どんなことがあるのでしょうか。

池谷●私の場合は、複数の場所を対象にするにしても、ベースのフィールドは1か所です。そこには30回ほど行っていて、そこで徹底的に掘り下げて、そこからみえたもので比較する。比較は重要ですが、最初から比較ありきでは「薄い比較」になってしまう。印象論に終わることが多いし、新たな問題提起よりは既知の事象の確認が増えてしまうと感じます。やはり1か所でのフィールドワークをいかにきちんとするかが重要です。つまり新たな発見があるか。長く滞在するだけではだめで、従来の知見に対する挑戦がないといけない。

　そうしてみつけた発見を展開するには、比較が必要になる。一つの村だけ観察して何かを発見しても、それで一般化することはあまりにも恣意的です。まず日本列島のさまざまなところに行って調査

---

[9] 文化人類学者の川田順造（1934-）が、日本、フランス、西アフリカの文化の比較から提唱した方法で、地理的に異なった三つの地域の比較からその現象の根源的な意味を問うことをめざす。川田［2008］などを参照。

する。すると、これは東北のパターンかもしれないといったことが
わかってくる。そうして徐々にスケールを拡げて、世界レベルなら
どうか、日本は世界のなかでどんな特徴をもっているのかを考える。
すると次はサハリンやシベリアなどにも行かなければならないこ
とになる。比較は常に継続して、終わりがないのです。

　しかし、ここで重要なのは、現代はグローバル化の影響が大きく
て、1か所みても2か所みても、同じ印象をもつことが増えている
ことです。私が専門にしている狩猟採集民ですと、定住化して、似
たようなものを食べだして、国家が統制してというように、東南ア
ジアでもアフリカでも南米でも、どこでも似てきている。

　こうなると文化人類学の前提は崩れて、1か所みて何かいえると
いう方法論は、すでに耐用年数を超えてしまっている。最初から全
体をとらえる必要がある時代に来ているので、一生ずっと同じ村で
調査をする方法は、生産性が低いものになっていると思います。

**グローバル化
と技術革新が
拓く新機軸**

バイヤー●一つの場所で二つの文化が出合うとき、さまざまな
かたちでの対話が起こります。この関係についての研究は興味
深いものがあります。たとえば『ヒマラヤン・ダイアローグ（*Himalayan
Dialogue*)[10]』では、ネパールのグルンという民族のシャマンとチベッ
ト仏教の僧侶がヒマラヤの谷の村で共生していて、シャマニズムと
仏教とが相互扶助関係をもって共存していることが扱われている。
グローバル化した現代では、異なる文化が出合うことが多くなりま
すから、新たな研究対象も出てくるのではないでしょうか。

小西●たしかに研究の対象や方法も変わる可能性があります。チ
ベット研究でいうと、現在では日本はもちろん世界中にチベット人

---

[10]) Stan Royal Munfordの著作。グルンはネパール西部のヒマラヤ山麓地帯に住む
チベット＝ビルマ語族の言語を話す民族で、チベット仏教を信奉する一方で、
シャマニズムを伝統的宗教とする。グルカ族に懐柔された民族で、イギリス
がインドを統治していたころ、精鋭部隊として知られていたグルカ兵の中心
をなしていた。Munford［1989］参照。

がいますから、私自身は中国四川省から出発して、その縁をたどって世界中に行く方法をとっています。調査方法や調査対象の質がかつてとは違ってきている。そこには新たな可能性があると感じます。

▲写真13
フィールドワークの必需品
フィールドノート（野帳）、カメラ、ICレコーダー、GPSロガーなどの記録機材、データをまとめるためのパソコンなど。野外で使用するため、耐久性や携帯性を重視する

　これから比較文化学を学ぶ学生さんがフィールドワークをする際に利点があるとすれば、かつては行けなかった場所に行けるようになることがあり得ます。もちろん逆もありますが。たとえば、私のフィールドの一つである中国四川省のチベット族居住地区[11]は、以前はほとんど外国人が入れませんでしたが、2000年代中盤にいい条件が重なって幸運にも住み込むことができました。これからも交通インフラや通信技術の発達、政治情勢の変化などによって入れる地域は増えますし、いまはスマートフォンやデジタル・カメラ、ノート・パソコンを持って行けば、世界中どこでも調査ができますからね（写真13）。

川村●言語学での方法論の変化についていうと、以前は英語や日本語などの言語の構造を知りたい人は、どのように使われているか現地で調査する必要がありました。しかし現在はコーパス[12]というも

---

[11] 中国西部に位置する省で、人口8,046万（2012年）。省都は成都市。成都市を含む四川盆地と、チベット高原の東端部をなす急峻な山岳地帯からなる。後者には古来より多様な民族集団が居住し、移動や交流が繰り返された。山岳部は地震の多発地帯としても知られ、2008年の四川大地震は6万人以上の死者を出す大災害になった。

[12] コーパスとは、言語を分析するための基礎資料として、書き言葉や話し言葉の資料を体系的に収集し、研究用の情報を付与したもの。たとえば『日本語話し言葉コーパス（Corpus of Spontaneous Japanese: CSJ）』のように、日本語の自発音声を大量に集めて多くの研究用情報を付加した、国立国語研究所、情報通信研究機構（旧通信総合研究所）、東京工業大学の共同開発による、質・量ともに世界最高水準の話し言葉研究用データベースがある。

のがあって、瞬時に調べることができる。日常で使われる言葉については新聞や雑誌などを含めてすべてデータ化されていて、それを使って分析すれば、語法などもすぐわかってしまうわけです。

しかしその次の段階として、データの量が厖大になると、それをどう分析するかは研究する者にかかってくる。多様な視点からみて比較することで、研究者の個性が出るだろうと思います。

五感の すべてが働く 現地調査の 魅力

バイヤー●技術の発達に関連していえば、最近はインターネットでなんでもみられるようになりましたね。私が高校生のころチベットや日本に関連するものは、本を買うか博物館などに行かなければみられなかった。いまはスマートフォンがあればすべてみられます。

池谷●インターネットの問題点は、情報の根拠が曖昧であったり、内容が薄かったりする点です。まちがいもかなりある。しかも、正しいことがまともに評価される時代ではなくなってしまっている。

小西●オックスフォード・ディクショナリーが選ぶ2016年の「今年の単語」が「ポスト・トゥルース[13]」になったように、科学的事実が社会的に重視されない時代になってきている面もありますね。

メディアにも長所と短所があると思いますが、よくない点としては、情報が単純化されすぎて、想像力が働かなくなることです。ゲームやアニメの影響力が強いのも、そのイメージの力が強力だからで、それが簡単にステレオタイプをつくりだしてしまう。そこからもう一歩踏み込まないと、異文化に対するイメージを再確認するだけになる。たとえばインドについて調べても、「ああ、やっぱりインドってこうなんだ」と確認して終わることになりかねない。

---

[13] 「世論の形成において、客観的事実が感情や個人的信念に訴えるものより影響力をもたない状況」であり、2016年に英国が国民投票によってEUからの離脱を決定したことや、アメリカ大統領選挙でドナルド・トランプが当選したことに、有権者の感情が大きな役割を果たしたという文脈でこの言葉が多く使用された。

山田●映画の『千と千尋の神隠し』もそうですね。魑魅魍魎すべてがあのように映像化されてしまうと、自分で想像することもなくなってしまう。話を聞くだけであれば想像していろいろイメージをふくらませられたものが、全部消えてしまいます。

小西●比較文化学の可能性の一つとして、イメージやビジュアルだけでは伝わらないものへの想像力の鍛錬という面があると思います。それは他者に対する想像力を鍛えることでもあると思います。

バイヤー●現在は、何が正しく何が正しくないかを判断することが本当に難しい時代です。情報を鵜呑みにせずに考えるうえで、比較文化学は有用です。

本康●画像過多、情報過多の世界のなかで、何をどう選択するか判断する力を身につけるということですね。

小西●インターネットは、現状ではまだ視覚と聴覚の世界だと思います。ＶＲなども出てきていますが、やはり嗅覚や味覚、触覚というのは現場に行かないと働かせることができません。こうした点でフィールドに出ることの意義は残るのではないでしょうか。

山田●映像でみることとフィールドで本物を生でみることとのもっとも大きな違いがそこにあります。いくら映像でみていても、同じものを直接そばでみたときの感じ方はまったく違います。

国民国家と少数民族への着目で拓ける新たな比較文化学の世界

小西●これだけ情報過多の時代だと、各地の文化について誰でも情報は得られますが、その情報を分類したり編集したりするキュレーターが必要だと感じています。比較文化学を学ぶことは、文化についての情報のキュレーションをすることでもあると考えています。

山田●もう一つ、比較文化学には、文化というものが多様であるこ

とをあらためて認識させる役割があるといえるかもしれません。欧米の文化だけではなく、それぞれの地域、民族、集団の文化が多様であることを再認識することがたいせつだと思っています。

小西●キーワードは多様性であり、他者への想像力でもあり、情報の取捨選択ということでしょうか。ただし、いわゆる人文学的な想像力を発揮できる部分もありますが、現実の我々の社会では国家や経済にがんじがらめになって暮らさざるを得ませんから、現代の社会構造のなかで文化をどのように位置づけるのかがポイントになってくると思います。そこがおろそかになると、フィールドの経験から得られる文化の価値、おもしろさが理解しづらい。

池谷●どちらかというと、これまではその国家や社会と文化との関連づけの部分が弱かったと思います。多様性の価値を主張するには、どうしたらそれが維持できるのかという仕組みまで理解しないといけない。それには国民国家や資本主義経済などとのリンクを考える必要があると思います。

少数民族の文化を支える国家の援助

池谷●中国四川省の話のように、新しい研究対象が出てきたり、フィールドワークの新たな方法が生まれたりすることは、たしかにいいことかもしれません。しかし、そうして情報や成果が増えることで、新たなパラダイム、理論的枠組みが生まれるのかについては、考える必要があると思います。

たとえば牧畜研究についてみると、ソ連が崩壊してポスト社会主義国の事例が入ることで、1940年代、50年代のアフリカ・モデルや中東モデルなどを変革する新たなパラダイムが生まれるのではないかと期待されていました。ところが実際は国による統制が強すぎて、定住化していて、完全に近代化されていた牧畜のようすをみるだけになってしまった。原型をとらえたいと考えていた遊牧研究に関しては、新たなパラダイムと呼べるものはもたらされずに、新しい事例が増えただけになっています。

▼写真14〈上左〉
サハのウマ

▲写真15〈上右〉
サハのウシ
冬の光景。凍った湖で水を飲む

◀写真16〈下〉
ハンティの冬の氷下漁
冬の漁では、一面氷結した湖に穴をあけ、湖底に沈めておいた大きな筌で魚を捕獲する

山田●シベリア諸民族の社会は、マルクス主義経済のコルホーズ、そしてソホーズという集団農場制のもとで完全に近代化されています。ソビエト時代には、シベリアの人たちの生計活動は、たとえばサハ[14]のウマやウシの牧畜（写真14、15）やハンティ[15]の漁猟にしても、経営体のかたちになっていました。ソビエト崩壊後、ハンティは家族領地でのトナカイ飼育、漁撈、採集、狩猟による伝統的生活を復興しました（写真16、17）。

---

[14] 座談会Ⅰの註13および33ページの図3を参照。
[15] 西シベリアのオビ川流域に住むフィン・ウゴール語系の言語を話す人びと。トナカイ飼育、狩猟、漁撈、採集を伝統的生計活動としてきた（25ページからの山田孝子による論考も参照）。1960年代後半、オビ川中流域のスルグートで油田が発見され、エネルギー産業の拠点の一つとなり、現在に引き継がれる。

グローバル時代における比較文化学の方法論——飛び込む、考える、問い直す

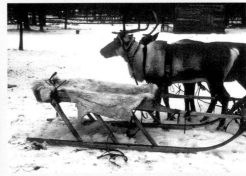

◀写真17〈上右〉
ハンティの
トナカイとそり
ハンティにとってトナカイは肉用としてばかりではなく、そりでの移動に欠かせない家畜。近年では代わりにスノーモービルの使用も増えている

▲写真18〈上左〉
サハの夏至祭りに登場するウマ
ウマは牧畜民としてのサハを象徴する家畜。夏至祭りでは「上の世界」の神々への「無血の供儀」として放たれ、また最後のプログラムとして競馬が行われる

▼写真19〈下〉
サハの夏至祭り
厳しい寒さが終わったことを祝う伝統行事。2017年の祭りには、ヤクーツクの人口の半分強にあたる18万人が来場

一方、サハは主権宣言をし、サハ共和国を成立させています。もちろん現在、ロシア連邦内のサハ共和国ということになりますが、サハ共和国の初代大統領は積極的にサハの伝統文化と宗教を復興する政策をとりました。サハのウマを飼う牧畜民としてのアイデンティティが、伝統的夏至祭りであるウセフ（Ysyakh）祭り[16]が共和国の祭典として復興した点にも示されています（写真18、19）。

池谷●牧畜については、近代化されたとはいえ残してもらってありがたいという気持ちもありますが、じつはすべて国家のさまざまなお金が入ることで成立している側面がある。ヨーロッパの農村もそ

[16] 朝日新聞の2017年8月1日付の朝刊「ロシア極東、夏の訪れを祝う『世界一寒い地域』の祭り」の記事は、サハ共和国の首都ヤクーツクでサハの伝統のウセフ祭りが現在も実施されていることを伝える。

71

うです。国がかなり援助を出すことで、アルプスの景観なども保護されているのです。田舎ではなかなか自律的なものはできないのでしょうね。

山田●シベリアの場合、サハとチュクチ[17]とでは少し違うかもしれません。民族の置かれている経済的な状況が違いを生んでいます。サハの場合はダイヤモンド、金なども採掘されるので、ソ連崩壊時の経済混乱時期にも生活に困らなかったといわれるほどです。また、ハンティでは、ソビエト崩壊後、伝統的な暮らしを維持する限り伝統的テリトリーの用益権が認められるようになり、テリトリー内での石油採掘を容認する代償として、大学進学補助、ガソリンの提供、ヘリコプターの利用など石油会社からいろいろな経済的補償を受けられるようになっている。それによって伝統的な暮らしが維持されるということも起こっています。

池谷●南米も同じ状況です。石油のパイプラインのお蔭で、エクアドルやペルーの先住民も恩恵を受けている。やはり国家との関係のあり方が大きく影響します。日本は先住民には権利をほとんど認めていませんが、ロシアはネネツ[18]やハンティなどに権利を与えている。先住民族の存在はロシアにおいて無視できない存在だともいえます。

山田●無視できない存在だからこそ、さまざまなものを与えているわけですね。

川村●中国やロシアは多民族国家で少数民族が多くいるために、彼らを無視すると国家が崩壊してしまうということですか。

---

17) シベリア北東端のチュクチ半島に住み、伝統的にはトナカイ牧畜を生計とし、遊牧生活を送ってきた民族。ソビエト連邦時代の定住化政策により、定住生活を送るようにもなる。

18) ロシアのカニン半島からタイミル半島の間、西シベリアの北辺に広がるツンドラ地帯とエニセイ川中流域以北の森林（タイガ）に住むサモエード系の民族。ツンドラ地帯で大規模な遊牧型トナカイ飼育を行うツンドラ・ネネツとタイガで狩猟・漁撈を行う森林・ネネツに大別される。

山田●それもあります。ソビエトが崩壊したとき、シベリアではほとんどの先住民が団結し、彼らの権利を求める運動は強力なうねりになりました。国家が弱体化しているときには、彼らの主張を認めざるを得ないという理由もあったでしょう。

　また、ソビエト連邦という理想が崩れたにしても、評議会としてのソビエトはすべての労働者は平等であるというマルクス主義の理念を基盤としているので、先住民の主張も認められていくことになったのだと思います。

国民国家との距離のなかで文化を考える

池谷●ドイツにはあまり少数民族はいませんか。

バイヤー●コミュニティのようなものが少し残っていますが、民族的な差はあまりみえません。ドイツの東、オランダの北と西の地域は「フリースラント」、そこに暮らす民族は「フリース人（フリーゼン）」と呼ばれます。彼らには独立思想がある程度はありますが、真の独立運動につながることはありません。このままドイツとオランダに住むことで満足しています。

池谷●フリーゼン固有の言語がありますよね。

バイヤー●言語もあって特徴もありますが、それはかなりドイツ語とオランダ語に近いものです。

小西●国民国家との距離のとり方は、これからの比較文化学の一つのポイントだと思います。国民国家という形態は近代以来続いてきましたが、21世紀においても消えないと予測されている。そうすると、いかなる政治体制であっても、国民国家という存在に我々は縛られることになる。そのなかで、それぞれの文化が国民国家とどのような距離を保ちながら進むかということが、一つの物差しになるかもしれないですね。

山田●21世紀の比較文化学においては、フィールドワークを基本とする方法論は変わらないとしても、複数の地域をみる視点が不可欠であると同時に、世界的な動きを意識する必要があるといえるで

しょう。また、国民国家や少数民族、資本主義などをキーワードに
比較することで、興味深い学びの世界が拓けると思います。

参考文献

Berlin, Brent and Kay, Paul (1969) *Basic Color Terms: Their Universality and Evolution*, Berkley: University of California Press.

Munford, Stan Royal (1989) *Himalayan Dialogue: Tibetan Lamas and Gurung Shamans in Nepal*, Madison, Wisconsin: The University of Wisconsin Press.

川田順造 (2008)『文化の三角測量 —— 川田順造講演集』京都：人文書院。

文化人類学的手法を用いた比較文化学

他文化に学び自文化を見つめ直す営み

ジェームス・ロバーソン

「比較文化学」とは何か。なぜ重要なのか。どのように「比較文化」的研究を行うことができるのであろうか。こうした問題について、文化人類学者として行ったフィールドワークの経験から考えてみることにしたい。

1 ジャマイカでのフィールドワークから

最初に文化人類学的フィールドワーク(現地の実態調査)を行ったのは、フロリダ大学大学院の修士課程のときであった。この研究のため、中学生と高校生の間に4年間住んでいたジャマイカに戻った。ジャマイカはカリブ海域に位置する人口約280万人の小さな島国である。かつてはイギリスの植民地だったが、1962年8月6日に独立した。「多様な民族から成る一つの国民 (Out of Many, One People)」を国のモットーに掲げるが、大多数のジャマイカ人の祖先は、奴隷としてサトウキビ・プランテーションで働くためにアフリカから強制的に連行されたアフリカ系の黒人である。ジャマイカはレゲエ音楽の発祥地、ブルーマウンテンコーヒーの原産地やビーチリゾートの観光地として有名だが、ボーキサイト(アルミニウムの原鉱)の鉱業も重要な産業の一つである。ところが1980年代の初めころに世界のアルミニウム市場が不況に陥り、ジャマイカ

▲図1　ジャマイカ位置図
〈各種資料から作成〉

国内で比較的高い賃金をもらっていたボーキサイト鉱業に携わるジャマイカ人の労働者が大量に解雇される事態が起こった。

解雇された労働者や関係する町がこの大不況にどのように適応しているかを調査するために、1983年の夏休みを利用してジャマイカに行った。さまざまな面で調査に協力してくれた一人は、ウェストインディーズ大学の経済学者マイケル・ウィッター先生であった。もう一人は高校の同級生だった友達で、安い宿泊先を教えてくれ、地元の人を紹介してくれた。そして、もう一人は同級生の友達で、ジャマイカ育ちのイギリス人（English-Jamaican）であった。

▲写真1　ジャマイカでのフィールドワーク中に滞在した宿舎の女主人と隣家の子ども〈マンデビル〉

彼に次のようなことを言われた。「ジャマイカの悲劇の一つは、人々が普段はたいへん苦しい生活を送っているのに、たまたまそうではないときに来た外国人が『楽そうに生活している』と別の人に伝えるため、楽な生活をしていることになってしまうことだ」。これは観光業における「トロピカルな楽園」というジャマイカやジャマイカ人に対するステロタイプな見方への批判でもあったであろう。しかし、この批判はまた、地元の人々の実態を理解するにはできるだけ長い時間をかけて、多くのこと（の関係性）に注意を払い、多くの人々と話し、できるだけ深い研究をしなければならないというアドバイス・警告でもあった。

ボーキサイト鉱業の中心地となっていたジャマイカの中央部のマンチェスター教区（Manchester Parish）にあるマンデビル（Mandeville；人口約4万7千人）という町やその周辺地域を、セント・エリザベス教区（Saint Elizabeth Parish）と合わせてフィールドワークの対象地とした。会社の関係者、失業した労働者や地元の

(小さな貿易会社、飲食店、雑貨店などの) 自営業者にインタビューしたことにより、このようなローカルな地域で起こっていることにも、彼らがもつグローバル経済や社会との関係性やつながりが重要であることがわかった。アルミニウムのグローバル市場が不況に入り、多国籍企業がジャマイカでの生産量を減らさなければならなくなり、地元のジャマイカ人による労働力の削減につながった。解雇された労働者たちは、ジャマイカと世界をつなぐような貿易会社を起業するか、あるいはジャマイカで期待ができなくなった高い給料と安定した仕事を求めてアメリカやカナダに移住する準備をしていた。このローカルな地方の人々の人生——彼らの仕事、家族や思い・夢——はグローバルと密接に絡み合っていたのである。

2 日本の中小企業を対象とするフィールドワークから

　二番目のフィールドワークは、ハワイ大学大学院の博士課程のときに行った。フロリダ大学の学生時代から日本の文化に関心をもっていたので、日本研究が盛んなハワイ大学に転校することにしたのである。そうして日本の社会と文化について勉強しているうちに、日本における会社、仕事や会社員の実態とそれについて発表された多くの英語論文には大きなズレがあることに気が付いた。多くの研究者は日本の大企業やそこに勤める (とくに男性「サラリーマン」の) 会社員についてしか書いていなかった。しかし実際には、日本の企業の大多数は中小企業で、大部分の人がそこで働いている。そのことから、中小企業で働く人々の実態を調べることにした。

　日本を対象に研究を行うために、まずは日本語を学ぶ必要があった。ハワイ大学で3年間、さらに、横浜にある「アメリカ・カナダ大学連合日本研究センター」(通称：IUC) において1年間の日本語インテンシブコースで学んだ。京都大学の米山俊直先生❶、横浜市の中小企業センターの方々や日本人である妻の親戚などの協力をえて、ようやくフィールドワークを1989年10月頃から始めることができた。

❶ 当時、京都大学教養部で文化人類学担当の教授だった。

このフィールドワークでは、約14か月のあいだ、小さな製造業の工場で実際に週5日働いた。日本の中小の製造業で働く人たちの実態を理解するため、日本人の工員と一緒に仕事をしたのである。足を使って「蹴とばし」というプレス機械を操作して金属を決まった長さに切ったりする簡単な仕事が多かったが、やがて特別な機械を使う「中磨き」という仕事も任せられた。これもそれほど難しい仕事ではなかったけれども、やると汚くなって疲れる（「汚い」と「きつい」の2K）仕事でもあった。

フィールドワークが終わったとき男性工場員数名に、最初はどうして工場で研究をしに来たかわからなかったが、皆が嫌いだった「中磨き」のような作業などをしてよく働いたことには感銘を受けたとも言われた。実際に日本人の工員と一緒に仕事をした経験は、会社の人たちへのインタビューで質問を考えるときや答えを理解するときにも役に立って、たいへん重要であった。他人の体験・経験を理解するための直接的・実践的な研究だった。このフィールドワークをもとにして書いた本❷では、「構造化された多様性」（structured diversity）という概念を使って、中小企業で働いている労働階級の人々のライフコースにみられる多様性について論じている。

工場で研究している間、当時の若い労働者と一緒にさまざまなレジャー・イベントに参加することもできた。例えば、初めてスキーを経験したり、バドミントンをしたり、カラオケを歌ったりすることもできた。こうしたアフターファイブの付き合いに関する思い出の一つに、友達になった若い男性工員と小さな焼き鳥屋に行ったときのエピソードがある。ビールを飲みながら話すうちに、この友達に「こうやって喋っていると、時々ジェームスが外国人だということを忘れてしまう」と言われた。長い付き合いのなかで、私は「外人」ではなく友達の「ジェームス」になっていた。個人としての付き合いが研究をきっかけにして始まったのだが、調査者－被調査者の関係を超え、工場でのフィールドワークから30年以上たった現在でも友達である。

---

❷ Roberson [1998]、ロバーソン [2016] を参照。

3 沖縄でのフィールドワークから

三回目のフィールドワークは、2003年ごろから始めた戦後沖縄におけるポピュラー音楽についての研究である❸。2017年現在でも、日本におけるアメリカ軍基地や施設の70％以上が沖縄に集中していて、大きな問題となっている。例えば、アメリカ占領期(1945-1972)が終わっても、米軍関係の事故や重罪を含めた事件が後を絶たないし、基地の整理縮小が沖縄人の希望通りに進んでいない。しかし、沖縄におけるアメリカのプレゼンス(存在)は、軍事的側面だけではなく、文化的な側面でも大きいものがある。とくに関心をもっているのは、沖縄の人々がさまざまな「アメリカ」文化をいかに「流用」して沖縄の文化にしてきたかという歴史的・文化的過程である。例えば、日本の白ご飯とアメリカ風にしたメキシコの郷土料理タコスとをうまく融合した「タコライス」という料理の発祥地は、米軍海兵隊のキャンプハンセン基地に隣接している金武町だと言われている。沖縄で人気があるA＆Wルートビア❹や沖縄人経営のJimmy's Bakeryのアップルパイなどのアメリカ料理も文化的に取り入れられた食べ物である。

▲図2　沖縄県の米軍提供施設
〈沖縄県Webサイトhttp://www.pref.okinawa.jp/site/chijiko/kichitai/579.htmlを参考に作成〉

戦後沖縄におけるアメリカ文化の吸収の例のもう一つは音楽であろう。もちろん沖縄は、琉球王朝時代からの宮廷音楽、古典民謡や各地の「島唄」の民謡などの音楽の島々として有名である。しかし、戦後沖縄においては、駐留しているアメリカ兵や軍属の人々を楽しませるため、多くの沖縄のミュージシャンたちがアメリカのジャズやロックをコザ(現在の沖縄市)、金武町や辺野古という基地の門前町のライブハウスなどで高い技術で演奏ができるように励んで、その「アメリカ」の音楽を「オキナワン・ジャズ」か「オキナワン・ロッ

❸ Roberson［2011］、ロバーソン［2014］を参照。
❹ アメリカで19世紀中頃に開発された炭酸飲料の一種。

▲写真2　沖縄市による音楽情報発信事業の看板に写る「紫」。オキナワン・ロックの代表的存在〈コザ・沖縄市〉

ク」と呼ばれる自分の音楽にした。

　このミュージシャンや戦後沖縄の経済、社会や文化における「アメリカン・ミュージック」の「流用」や役割について研究するため、沖縄本島中部地方の米軍の嘉手納空軍基地に隣接する沖縄市(旧コザ市)でフィールドワークを行ってきた。インタビューをしてきた沖縄のミュージシャンの一人、キーボード奏者で「オキナワン・ロック」でもっとも有名なバンド「紫」のリーダーのジョージ紫は、沖縄と西洋のクラシックやロック音楽を融合することがライフワークであるという。また「紫」のドラマーである宮永栄一は、琉球音階を使って琉球語で歌詞を書くことによって独自のロック音楽を創作できると考えるようになったという。

　ミュージシャンにとっても、また沖縄の中部地方のライブハウス経営者や音楽ファンにとっても、そしてある程度は沖縄市にとっても、「ロック」は「自分たちの音楽」となっている。この人たちや行政にとって、英米のバンドの曲を含む「ロック」はライブハウスやロックフェスティバル(とくに、1983から始まり毎夏に開催されてきた Peaceful Love Rock Festival)で沖縄のミュージシャンに演奏されることによって、彼ら自身の音楽遺産や文化的資源となってきた。

4 比較文化学がもたらす解釈学的循環

　以上、文化人類学者として他の文化や人々についてどのような「比較文化」的研究をしてきたかの例を三つ紹介した。以下は、「文化人類学」とは何か、文化人類学者はどのように比較文化学に取り組むのかについて考えてみたい。

　文化人類学は、「現在生きているある集団の人々の考え方と行動の仕方、すなわち生活様式、またそれによる生産物に関する直接的ないし体験的で実証的な研究を行う学問である」と定義できるであろう。しかし、文化人類学者にとっては、他の民族や文化について研究する・学ぶことだけが目標ではないということが重要である。

　さらに、以下の二つのことに関して自己批判的に考えるために、他の人々や文化から学ぶことを理想的目標にしている。その一つは、それまでの他者(の文化)に関するイメージや理解を批判的に再考察すること、もう一つは、それまでの自己(の文化)に関するイメージや理解を批判的に考え直すことである。そのうえで、他者とその文化に関する新しい、独自性がある学問の構築や知識の獲得に貢献できる研究を常に試みなければならない。多くの人々が他者とその文化に関してもっているイメージ、先入観、固定観念や不十分な理解について考え直すことに役に立つことを理想としている。これは比較文化学における理想の一つでもある。

　例えば、先に示した自分の研究で言えば、ジャマイカの人々は楽園の島でただのんびりしているわけではなく、彼らの生活や実践を世界的経済状況の中でみなければならないことをフィールドワークによって学んだ。また戦後沖縄の音楽文化を理解するには、伝統的な古典や民謡だけではなく、「アメリカ」的な要素が入ってきたこととその過程を考慮しなければならないことを学ぶことができた。

　比較文化学のもう一つの理想的な基本は、二項対立的な比較を避けるために、第三の観点・対象を用いることである。二つの文化だけを比較することには、自己と他者の文化(社会など)の違いを過度に強調する危険性があるからである。例えば、筆者が日本の中小企業やそこで働いている人々のことを考

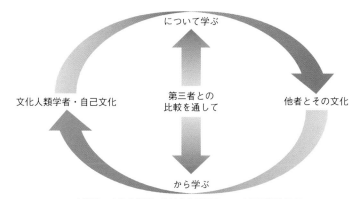

▲図3　文化人類学・比較文化的研究にみる解釈学的循環
〈筆者作成〉

える際には、日本とアメリカだけの二項対立的な比較を避けるため、韓国や中国、台湾における会社と仕事に関する研究も読んだ。

　文化人類学的な比較文化学には、図3に示したような一種の解釈学的循環（hermeneutic circle）が存在していると言えるだろう。他者についてだけではなく他者から学ぼうとするのは、文化人類学に限ったことではない。では、文化人類学者による比較文化学の特徴はどこにあると言えるだろうか。

　文化人類学的研究の基礎は民族誌的（ethnographic）フィールドワークにあると言えるであろう。フィールドワークは、個人で直接に研究対象者の行動を観察したり、または積極的に研究対象者の営みに参加したり、現地の言語で研究対象者にインタビューして彼／彼女らの話を聞いたりする「参与観察」の方法論にもとづいている。「参与観察」は、文化人類学者が自らの個人としての経験・体験や感情を活かしながら、研究対象者への信頼と尊重の姿勢にもとづく相互関係を構築できれば可能になる。

　そして、文化人類学にもとづく比較文化学には、他者の社会・文化について・から学ぶと同時に他者に関する正しい理解と適切な関係が常に求められている。これが文化人類学的手法を用いた比較文化学の特徴である。

　これから比較文化学を学ぶみなさんには、ぜひ他の人々や文化に興味・関心をもって、現地で彼／彼女らと話したり一緒に行動したり、友達になったりして、互いを正しく理解し、さまざまな問題を解決していってほしいと願っている。

参考・参照文献

Roberson, James E. (1998) *Japanese Working Class Lives: An Ethnographic Study of Factory Workers*. London: Routledge.

Roberson, James E. (2011) "Doin' Our Thing": Identity and Colonial Modernity in Okinawan Rock Music. *Popular Music and Society* 34(5): 593-620.

ロバーソン、ジェームス(2014)「オキナワン・ロック："Doin' Our Thing"」沖縄ロック協会［編］『オキナワンロック50周年記念史』沖縄：沖縄ロック協会、pp. 73-85。

ロバーソン、ジェームス(2016)「戦後日本における『仕事』の意味と男性性」中谷文美・宇田川妙子［編］『仕事の人類学』京都：世界思想社、pp. 275-289。

匂いの比較文化学的アプローチ

小磯 千尋

1 匂いの個人体験

「匂い、臭い、香、薫り、馨」――日本語は他の言語に比べて、匂いや香りを表す言葉が少ないといわれるが、漢字で表すとその意味する差異が容易にイメージできる利点もある。また、「匂う」は実際に香りが出ているだけでなく、「雰囲気がただよっている」ということも指す繊細で微妙な言葉である。

「香りは記憶することはできないが、喚起することはできる」[中村 1990]といわれる。匂い・香りは、忘れていた過去の出来事を引き寄せ思い出させる磁石のようなものといってもよいかもしれない。興味深いのは、香りとともにそのときの状況までもあざやかに思い起こさせる作用があることだ。近年、脳科学と匂いの関係の解明が進み、匂いと記憶が直接的に結びついていることが知られている[荻野 1991]。ある匂いを嗅ぐとある記憶がよみがえることは誰しも経験したことがあるだろう。この現象を精神医学的には「プルースト現象」と呼ぶ。これはフランスの作家、マルセル・プルーストの『失われた時を求めて』という作品中で、主人公がマドレーヌを紅茶に浸したとき、その香りをきっかけとして幼年時代の記憶があざやかによみがえるという描写から名付けられた。嗅覚は脳のなかでも原始的な感情を司る大脳辺縁系に直接つながっているため、より本能的な情動と結びつきやすいといわれている。そういった意味で、情緒的な思い出ほど匂いと密接な関係があるといえる。

30数年前、初めてインドを訪れたときのことである。インド西部のアラビア海に面した大都市ボンベイ(現ムンバイ)の夜の空港で熱帯特有のムッとした空気に包まれたとき、妙に懐かしい想いにとらわれ、同行の友人に思わず、「ここに住みたい、住む!!」と口走っていた。飛行機のタラップを降りる前、つまりまだインドの大地に足さえも着けていなかったので、びっくりした友人に、「旅はこれからだから。落ち着いて」といなされた。それからの1か月半、水を得た魚のように生き生きとインドを旅し、「インドに住む」というのは信念のようになっていた。

町に出ると匂いの洪水だった。さまざまなスパイスに揚げ油などの食べ物の匂い、きついお香の匂い、女性がつけるジャスミンの髪飾り、アスファルト

が熱で溶けたような匂い、土埃、アンモニア臭、排気ガスの匂いなどが容赦なく鼻腔から流れこんで来る。ひとつひとつの匂いが強烈な個性を主張しながらやって来た。匂いの洗礼にクラクラしながらも、体の細胞のひとつひとつが活性化するような感覚にとらわれた。

　一方、日本では、平安時代の高貴な人々は衣服に香を焚き込めたり、香道などを嗜んだりしていたが、現在の日本の社会は衛生への強迫観念からか、公的空間から匂いを消し去ることに躍起になっている気がする。「匂う（臭う）」＝不衛生という図式が定着しており、「無臭化」をめざしている［村山 1989］。もちろん、日本も豊かな自然の香りに満ちている。春の訪れはスイセン、ジンチョウゲの香りで感じ、夏の草いきれ、夕立の匂い、秋はキンモクセイの香り、冬の朝の凛とした空気の香りといったように、四季の移ろいが匂いとともにある。しかし、インドに比べたら町に匂いがない。日本の田舎にはまだ匂いがあるが、都市はどこの町も似たような店が並び、個性的な匂いを感じる機会が少ない気がする。

　近年、「スメハラ（smell harassmentの略）」という言葉も耳にするようになった。日本社会では、強い匂いに対しては拒否反応があるようだ。最近盛んにテレビのCMでも宣伝されている衣服の柔軟剤の匂いの流行には驚かされる。ほのかな匂いではなく、かなりきつい匂いのため、狭い空間内では確かに一種のハラスメントともいえる側面ももっている。

　インドでの研究を続けるなかで、インドと日本の匂いに対する感覚の差がずっと気になっていた。どんどん無臭化していく日本に比べ、インドは30数年前も今も、町には強烈な匂いが満ちている。この稿では、色や形のない匂いについて、おもに日本の大学生男女（19歳から21歳）を中心に❶収集した800例のアンケートとインドで収集した30歳代から50歳代の男女へのアンケート130例をもとに、インドと日本における匂いに関する文化比較を試みた。年代設定や男女比などきちんとした基準のないアンケートだが、本格的な比較を行う第一歩とすることをめざした調査である。インドの20名には対面インタ

---

❶30歳代から50歳代までのインド駐在予定の社会人45名（内女性3名）も含む。このアンケートは2001年から2017年にかけて行った。

ビューも行った。日本のアンケートは、関東在住者と関西在住者の割合は3対7で関西が多い。インドは西インドのプネーの小中高一貫校のJyotirmay International Schoolの父兄とスタッフを中心に❷行ったものである。

2 インド人の好む匂い

　インドの夏は暑い。3月下旬の満月のころ、春の訪れを祝うホーリーという色粉をかけあう祭りがあるが、この祭りが終わると急激に暑くなり、4〜7月は最高48度に達する酷暑期となる。朝から太陽がジリジリと照りつけ、時にはルーと呼ばれる熱風が吹くこともある。日中はじっと息をひそめて、日が沈むのを待つ。そんな数か月を過ごすと人間の鼻は、空気中の僅かな水分にも敏感に反応するようになる。そろそろモンスーンが来るのではと、日々期待して過ごす。

　空気に水分の匂いがはっきり感じられるようになると、空が俄かに暗くなり、突風が吹きだす。時には雹や霰が降ることもある。渇ききった大地に最初の慈雨の一滴が落ちたときの匂いは、日本の夕立のあとや打ち水をしたときのむせかえるような匂いを強烈にした香りである。これをインドの人々は「ゲル（大地の香り）」と呼び、誰もが大好き

▲**写真1**　インドを象徴する樹木であるバニヤン（ベンガルボダイジュ）も、夏を迎え雨が降るといっせいにその芽を吹く

❷ Jyotirmay International Schoolの関係者のほかに、プネー在住の性別も年齢層もバラバラな知人25名を含む。アンケートは2015年8月に実施した。

88

な匂いだという。10数年前に西インドのマラーティー語のローカル新聞『サカール』で読んだ記事に、「これは単なる大地の匂いだけではなく、乾季の間ひっそり地中で息をひそめていた植物の芽が命を吹き返す匂いも混ざっているため、格別な生命力に満ちた匂いなのだ」と書かれていた。実際、雨が降って数日たつと、薄緑色の芽がいっせいに吹きだすさまは見事である (写真1)。

　サタジット・レイ監督の名画『大地のうた』❸のなかで、主人公のオプー少年と姉が雨季の最初の雨に歓喜して踊る姿が印象的である。この雨に濡れたことがもとで高熱を出して姉は亡くなってしまうのだが、雨を心から喜ぶ姿が生き生きと描かれている。大地が雨によってかぐわしい香りを放つと実感するには、長く厳しいインドの夏の経験なくしては不可能といえよう。

　筆者にとっては、マンゴーの高貴な香りもインドの夏を象徴する匂いとして忘れ難い。そのほか、結婚式などのハレの場で来客に盛大に振りかけられるバラ水の香りもインド特有のものであろう。孔雀の形をしたバラ水入れの容器を振って、部屋中にバラの香りをばらまく、インド流の歓待法である。

　また、同時に香油❹を耳かきのような棒につけて、来客の手首などにつける歓迎法もある。これは数種の香油が用意されているが、「カストゥーリー (kastūrī)」と呼ばれる麝香やビャクダン (candan)、ジャスミン、バラなどが好まれる。インド独立の立役者マハートマー・ガーンディーは、ガーンディー (gāndhī) と呼ばれる香料、香油製造販売、香辛料・食品雑貨を商う商人カーストの出身である。香りを扱う商売がカースト名としても存在するように、インド社会においては古い時代から宗教活動や生活の場において香料、香油が重要な位置を占めてきたことがわかる。

---

❸ 1956年第9回カンヌ映画祭に出品され、特別賞 (人間的記録映画賞) を受賞したサタジット・レイ監督の処女作。原作はビブティブション・ボンドパッダエの自伝的小説『Pather Panchali』。音楽はラヴィ・シャンカル。
　　インドのベンガル地方の寒村で貧困に苦しむある家族の物語。主人公のオプー少年と姉ドゥルガーが貧しいながらも仲良く暮らすさまが生き生きと描かれている。二人でススキの原を越えて蒸気機関車を見に行くシーンや、ハスの池に雨が降るシーンなどが印象的だ。詩や劇を書くことを夢みていた生活力のない父親が出稼ぎに出ている間に、ドゥルガーが雨に濡れたことが原因で高熱を出して死んでしまう。一家は、住み慣れた村を離れ、都会へ出ることを決意する。

❹ エッセンシャルオイル、精油。近年日本でもパフュームオイルとして知られる。これをアルコールで希釈すると香水になる。

▲写真2 家長による毎日の礼拝
〈インドのプネー〉

▲写真3 儀礼用に売られているバラやジャスミン、マリーゴールドの花。インドでは茎を除いた花だけで売られるのが特徴
〈インドのプネー〉

　ヒンドゥー教徒のプージャー(*pūjā* = 礼拝)(写真2)には、ビャクダンのペーストやアガルバッティ(*agarbatti*)という線香、火をつけて燃やす樟脳、精製バターで燃やす灯明、ドゥープ(*dhūp*)という円錐形の焚香が欠かせない。またバラやジャスミンなどの香りの高い生花(写真3)も大切なお供えものである。ヒンドゥー儀礼はさまざまな匂いに満ちている。

　以下では、日本とインドで行ったアンケート調査に基づいて分析してみたい。生活に密着した匂いのなかでインド人が好む匂いの代表は、家で手作りするギー(精製バター)のかぐわしい匂いであることがわかった。純正ギーは家庭で数日分のクリームをまとめて作る場合が多い。よく撹拌して無塩バターを作り、その水分を蒸発させるとギーができる。ギーができる瞬間を「カマング(*khamang*=香ばしい)な香りが満ちる」と表現する。この匂いを嗅ぐと亡き母を思い出すと、涙ぐみながら語ってくれた男性がいた。万国共通ともいえるご飯の炊ける匂いも、インド人が好む匂いの一つとしてあげられていた。インドのコメのなかで最高級品とされる「バースマティー」は、花のような芳香がする。

　また、カース(*kās*=イネ科のワセオバナ)という独特の青臭さのある草の根の香り

▲写真4 ガラーと呼ばれる素焼きの甕とステンレス製のろ過器。まちなかでも見かけることがある〈インドのプネー〉

は、清涼感をもたらすものとして好まれる［西岡 1989］。インドの人は夏の暑いときも、冷蔵庫で冷やした水や氷入りの水は体に悪いといって避ける。素焼きの甕(写真4)に水を入れ、しみ出た水の気化熱を利用して冷やした僅かに土の香りがする水が今も好まれている。この水のなかに、繭玉ほどのカースの根の塊を入れて香りづけすると最高の飲み水となる。カースは香油や食品の香りづけにも利用されており、好みの匂いにあげた人が多い。また、前述の大地の匂いゲルをあげた人も多い。またビャクダン、バラ、ジャスミン、イランイランの匂いも上位にランクされた。

3 日本人の好む匂い

　日本人にとっても、ご飯の炊ける匂い、朝のお味噌汁やコーヒーの匂いなど、食事の匂いは幸せな生活につながる匂いとして記憶されていることが、アンケート結果から読み取れた。また、四季の移ろいを感じさせてくれる花の匂いや若葉の匂いを好みの匂いとしてあげる人も多くいた。春を告げるフキノトウなどの山菜の香りも好まれる匂いである。秋の収穫後の田んぼで藁を燃やす匂いに郷愁を感じる人もいた。お日様をいっぱいあびた洗濯物や、干した布団の匂いが好まれることもわかった。日向の匂いはお母さんを連想させる匂いでもあるようだ。

　線香、畳の匂いは祖父母の家や祖父母との記憶と結びつき、懐かしい香りとしてあげる人も多くいた。そのほか、好きな人が使っていた柔軟剤やオーデコロンの匂いを嗅ぐと、その人自身と同時に、ともに過ごした楽しい記憶

もよみがえると答えてくれた人もいた。排気ガスの匂いが家族との休日の遠出の楽しい思い出と重なり好きだという回答もあった。

タバコの匂いが父親と結びつき、その匂いに包まれるとほっとするという人もいた。新しい教科書やノートの匂いは、緊張感と期待に満ちた気持ちを思い出させてくれるという。図書館や古本屋さんの匂いが一番落ち着くという人もいた。このように好みの匂いは十人十色で、各人の思い出や記憶と密接に結びついている。

関東人と関西人の好みの匂いの比較を試みたが、明確な差は見いだせなかった。あえていうならば、関西人が出汁の香りやたこ焼きやお好み焼きの焼ける匂い、串揚げの油とソースなど食べ物に関連した好みの匂いをあげていたのが特徴といえるかもしれない。

4 インドと日本における匂いの比較

インド、日本に共通して好まれる匂いは、コメの炊ける匂いやギーの香り、雨や日向の香りなど、自然や食べ物に関連するものが多い。どちらかというとインドの匂いはひとつひとつが強烈で、日本で好まれる匂いは控えめであるようだ。日本料理には独特の匂いを添える多様な食材が使われており、それらは「旬の香り」とでも呼ぶべきものだ。柚子やマツタケ、青じその香りなど、日本では風味は大切にされるが、あまり強い匂いの食べ物は好まれない。もちろん、発酵食品のくさや、鮒寿司など香りの強いものもあるが、一部の通の好みで、あまり一般的に受け入れられているとはいえない。

インドでは混合スパイスであるガラムマサーラーは料理の香りづけとして不可欠とされ、パンチの効いた強い香りが好まれる［山田 1979］。ただし、特にクリームやナッツ類のペーストを使った北インド料理ではガラムマサーラーが味の要となるのに対し、南インドではさっぱりした料理が多く、香りも北に比べるとシンプルなものが好まれるようだ。西部インドでは、普通ハーブとして少量使われるディルなども、好みの野菜料理として食卓にのぼる。

祈りの場における匂いも、インドでは線香や花など香りの強い捧げ物が多

▲写真5 イスラームのムハッラの礼拝。立ち込める香煙は宗教の別なくインド人にとって不可欠といえる

い。ヒンドゥー寺院の礼拝には、もうもうと立ち込めた香煙が不可欠である。そのむせかえるような匂いに包まれて、信者たちは神々とまみえるのである。日本では線香にしても抑えた香りが好まれる。日本の神社では、祈りの場において、あえて匂いは排除されているといってもいい。神社の周りの杉木立や、神殿に使われる木材の匂いなどが際立つようになっている。匂いのない空間がより清々しい雰囲気を演出しているといえる。

　こうした違いは、宗教空間に対する美意識の差に由来するものといえるかもしれない。日本の祈りの空間では静謐さや、余分なものを排した清々しいものが求められ、ヒンドゥー教のそれは、より猥雑で人間的であるように思われる。

　香水やオーデコロンの類は、日本人もインド人も西洋の人々に比べると積極的には用いない。インド人はジャスミンなどの香り高い花を髪飾りとして身につけ、香りのオシャレを楽しんでいる。また、ごく少量の香油を手首につけて、自ら香りを楽しむ程度にとどめている。この差は、ずばり体臭の差[5]によるものではないかと思われる。日本人は他の民族に比べて体臭が弱いとい

[5] 一般に、インド人の体臭は「カレーの匂いがする」、つまりスパイス臭がするといわれたり、韓国人はキムチの匂いが、日本人は醤油の匂いが、牧畜民は乳の匂いがするなどといわれる。食生活が体臭に影響するのは当たり前のことだろう。長期パキスタンに暮らした友人は、帰国後家族にミルクの匂いがするといわれたという。また、匂いを出すアポクリン腺の分布が異なるために、東洋人、黒人、白人では体臭が異なるのだという［中村 1990: 197］。確かに東洋人は黒人や白人に比べて体臭が弱いといわれる。体臭が強くないため香水などでカバーする必要がなく、西洋に比べて香水文化が発達しなかったと推察される。

われている。体臭の強い人々ほど、体臭を消すためにきつめの香水やオーデコロンをつける傾向があるようだ。

匂いは多分に個人的な嗜好で、好意を抱いている人の匂いは快く、あまり意識していなくても、好感をもてない人の匂いは不快に感じる [ゲレ 2000]。同じ香りでも好きな人がつけていれば好みの香りになるし、嫌いな人がつけていれば嫌な臭いとなってしまう。人を好きになることと、匂いを好きになることはどちらが先とはいえない、表裏一体の関係であるようだ。

同じように、ある国や町を好きになるかどうかも、そこの匂いと密接に関わっている。厄介なのは、匂いは呼吸と密接に結びついているため、嫌いな匂いだからといって嗅がない(＝呼吸を止める)わけにはいかない点だ。匂いの比較文化学的アプローチは、異文化理解の試金石ともいえる側面をもっているといえる。大事なことは、匂いだけで好き嫌いを決めるのではなく、そこに漂う匂いの背景を考え、探り、想像することだ。そのようにして他者理解を深めることは、現代のグローバル社会を生き抜くうえでは不可欠である。またそうして他者について学び、自分を見つめなおし、違いを認めあう姿勢・態度こそが、比較文化学の根幹だといえる。

参考・参照文献

荻野洋一 (1993)『そこが知りたい匂いの不思議——芳香も悪臭も見えないだけに謎だらけ…』東京：雄鶏社。

ゲレ、アニック(今泉敦子訳)(2000)『匂いの魔力——香りと臭いの文化誌』東京：工作舎。

中村祥二 (1990)『香りの世界を探る』東京：朝日新聞出版(朝日選書)。

西岡直樹 (1989)『インド花綴り——印度植物誌』長野：木犀社。

村山貞也 (1989)『人はなぜ匂いにこだわるのか——知らなかった匂いの不思議』東京：KKベストセラーズ。

山田憲太郎 (1977)『香料の道——鼻と舌 西東』中央公論社(中公新書)。

日英語の比較入門
認知の違いはどこからくるか

川村 義治

言葉は文化と深く関わると言われる。言葉は食事や衣服あるいは神話や宗教といった様々なものと同じように、ある文化を形成する一つの領域である。社会の中で暮らす私たちは日々の出来事や自分の心の内を言葉で伝え合って人間関係を築いている。したがって、ある社会で使用されている言葉には、その社会独特の文化に基づく物事の考え方や価値観が色濃く映し出されているだろう。

　言葉はまた思考と深く関わると言われる。人は言葉で伝える前に言葉にもとづく概念や論理を使って思考を組み立てる。思考が人間に共通する精神的な活動であるならば、当然思考は人間としての一定の共通の性質を持つだろう。また、言葉が使用される文化圏独自の思考様式や価値観を反映しているならば、思考過程にも文化による違いがあるにちがいない。

　本稿では、日本語と英語による言語表現を比較対照して、異なる文化背景を持つ言葉の使用とその背後にある思考のあり方を探っていく。

1 言葉の研究における「認知」的アプローチの興隆

　英語学の分野では1960年代後半から生成文法をはじめとする欧米言語学の研究成果が広く取り入れられ、日本語との対照研究も盛んになった。1980年代になると、認知的アプローチによる研究が学界の新たな潮流となった。当然日本語との対照研究にもその影響が及んだ。では、認知的アプローチとはどのような態度で研究に臨むのだろうか。

　言葉は二種類の「解釈」と関わると言われる。表現された言葉の用法や内容に関する解釈（interpretation）と、話し手による状況の解釈（construal）である［辻2013: 27］。前者は従来型の言語理解で、言語は現実を客観的に描写する媒体であるという前提に立つ。一方、後者は言語表現には話し手がある事態をどのように読み解いて意味づけるかという作業が含まれているとして、発話に先立つ話し手の「事態把握」あるいは事態の「捉え方」を言語理解に取り入れる。このような話し手による事態の「捉え方」から言葉の構造や意味機能を考察する方法が認知的アプローチである。

これから例文を三つ挙げて本稿の課題を明らかにする。その際、英文とその和訳を比較対照するが、同じ状況あるいは場面に関わる二つの表現という前提に立って論証をすすめる。

(1) I feel we have made a lot of progress in this meeting. (ロングマン英和辞典 1312)
　　この会議でかなり進展があったと思う。

　どちらも自然な言葉遣いである。英文は主語である行為者"we"が話し合いを通じて成果を上げたと述べている。一方、和訳は誰がどのように振舞ったかに関して直接説明しない。それでも、コミュニケーション上特に支障はない。この主語をめぐる問題は次節で〈人間中心〉対〈状況中心〉という観点から取り扱う。

(2) There was a thin layer of ice on the road. (ロングマン英和辞典 916)
　　道路に氷が薄く張っていた。

　英文は道路に存在する氷の薄い層に注目するのに対して、和訳は氷が薄い膜を形成するという出来事に焦点を当てている。この見方の違いは、第3節で名詞中心と動詞中心という表現形式の違いとその背後にあるものの捉え方の問題として説明する。

(3) Bad health forced him into taking early retirement. (ロングマン英和辞典 631)
　　体調不良により彼は早期退職を余儀なくされた。

　英語は無生物を主語とする構文を多用する。一方、日本語では無生物が主語となって何かに作用するといった言葉遣いは通常行わない。和訳のように「〜により」、「〜のせいで」といったふうに二次的に表現することが多い。無生物主語に関しては第4節で因果関係の捉え方の問題として扱う。

2 〈事態〉の切り取り方──〈人間中心〉対〈状況中心〉

　ある事態を描写するとき、英語ではその場面に登場する人間に注目する傾向があるという。

97

(4) Can I offer you a drink? (ウィズダム英和辞典 1333)
　　一杯いかがですか。

(5) We have a huge stock of quality carpets on sale. (ロングマン英和辞典 1662)
　　当店では膨大な在庫の高級じゅうたんを売り出し中です。

(6) We all have the ability to learn. (ロングマン英和辞典 2)
　　誰にでも学習能力はある。

　例文(4)は人間の動作を描写する。英文は誰が誰に飲み物を提供するかを明示する。一方、和訳ではどちらも言語化されていないが、主語や目的語がなくても意味を理解するうえで特に支障はない。「いかが」は相手を誘ったりものを勧めたりするときに使う言葉なので、発話場面から行為の主体や対象者が明らかならば言語化するに及ばないと言える。主語の明示が義務的な英語とは大きな違いである。

　例文(5)は人間を主語にしてある状況を維持する様子を表す。それに対して、和訳は「当店では」という場所表現を用いて、ある状況がそこで進行していると述べる。

　例文(6)は人間と属性の関係を〈所有〉の観点から主語(所有者)＋他動詞＋目的語(所有物)という構文で表す。一方、和訳は人間を〈場所〉的に捉えて、そこに「学習能力」が〈存在〉するという見方をとっている。

　このような日英の表現構造の違いに関して、言語学者 John Hinds 氏は "Person Focus" と "Situation Focus" という用語で英語と日本語とを特徴づけ、自身の興味深いエピソードを紹介している。彼と友人の日本人が日本企業の航空機を利用した時のことである。出入国カードの記入ぐあいを見に来た客室乗務員が彼には "Have you filled out the form, yet?" と話しかけ、友人にはただ「よろしいですか」と声をかけたという。また、日本のお店やサービス機関では、ものを差し出してただ「お願いします」と言えばそれで用件が済むと気づいたという。「このフィルムの現像をお願いします」、「このお金を私の口座に入れてください」、「この荷物をあずかってください」などといちいち説明する必要がないのである。

このような体験から、英語話者は(日本語話者の立場から見ると)必要以上に詳細に述べる傾向があり、日本語話者は(英語話者の立場から見ると)中途半端に言い表す傾向があると、Hinds氏は印象を述べた[Hinds 1986: 22-29]。

3 〈事態〉の切り取り方 ——〈名詞中心〉対〈動詞中心〉

先の例文(2)では、"a thin layer of ice"を「薄い氷が張る」と訳す点に言及したが、英語の〈名詞中心〉と日本語の〈動詞中心〉という特徴に関して多くの研究者が考察を行っている。

英文学者の外山滋比古氏は「西欧の言語が名詞中心構文であるのに日本語は動詞中心の性格がつよい。『この事実の認識が問題の解決に貢献する』というのが名詞構文ならば『これがわかれば問題はずっと解決しやすくなる』とするのが動詞構文である」と説明した[外山 1973: 10]。前者は主語＋他動詞＋目的語の構成を持ち、「事実の認識」が「問題の解決」を促すという使役的な内容であるのに対して、後者は事実がわかれば問題は解決に向かうという状況説明のような内容である。

同じく英文学者の安西徹雄氏も、英語は名詞中心、日本語は動詞中心の言語であるとして、「英語では、名詞一個の中に状況全体を凝縮してしまうのにたいして、日本語では、これを文章の形に読みほどき、展開してやらなければ、自然な表現にはならない」と指摘した[安西 1983: 48]。

その一例として、谷崎潤一郎の『少将滋幹の母』の一節「そこらに虫の音が聞こえたので、季節が秋であったことは確かである」と、サイデンステッカー氏による英訳 "Shigemoto could remember a humming of insects that suggested the autumn" を採り上げた。安西氏は「虫の音が聞こえた」、「季節は秋であった」という叙述表現がそれぞれ "a humming of insects"、"the autumn" という名詞句に凝縮されている点に注目した[安西 1983: 68-69]。確かに、英訳は Shigemoto(主人公)、a humming of insects(虫の羽音)、the autumn(秋)の三つの名詞句の関係から全体の意味を形成する。そのため、出来事や状態の有様を通じて原作が醸し出す余韻とはかなり異なる印象を与える。

4 因果関係の捉え方

　英語と日本語の大きな違いの一つとしてよく取り上げられるのが、例文（3）のような無生物を主語とする使役構文の存在である。行為者としての人間に代わって原因としての無生物が主語になる。

　一般に使役構文は行為者としての人間が主語であり、無生物主語を持つ使役文は派生的なものとして扱われてきた。しかし安西氏は「英語はかならずしも、動作主としての人間を中心にすえるのではなくて、主語が人間であろうと無生物であろうと、ある状況なり出来事なりを捉えるのに、〈もの〉が〈もの〉に動作主として働きかけるという、『働きかけ』という関係、原因・結果という関係に従って概念化する、むしろそれが特徴だと考えることができる」という見方を展開した。〈もの〉が生物か無生物に関係なく、ほかの〈もの〉に働きかける〈もの〉が英語の主語にふさわしいという考え方である。

　このような事態の捉え方は、近年の言語学では「ビリヤードボール・モデル」で説明される。使役的な表現を背後から支える認知のあり方を概念化した認知モデルである。図1は、ビリヤードの玉が次々と衝突して後続の玉を動かすように、○で示した物体が別の物体にエネルギーを向け、ときには作用の連鎖を経て目標物の位置変化や状態変化を引き起こすことを示している［辻 2013: 307］。

　事態の変化を〈もの〉と〈もの〉との作用の結果とする捉え方は英語の使役構文の理解に大いに役立つが、日本語にはかならずしもうまく当てはまらない。例文（3）の和訳「体調不良により彼は早期退職を余儀なくされた」の「体調不良」は原文の "bad health" と違って文の主語ではない。体調の悪さは「彼」が早期に退職するに至った大きな要因ではあるが、文全体としては「体調不良により早期退職という事態が生じた」といった意味合いに読み取れる。因果関係そのもの自体は当然世界共通の認識であり、そうでなければ科学など成立しない。ただし、日常生活での物事の進行や人間関係の変化に関して英語と日本語では異なる捉え方をすると言えよう。

　言葉とそれに先立つ認知の関係に関して、英語学者の池上嘉彦氏はすでに

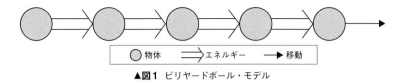

▲図1　ビリヤードボール・モデル

1982年の段階で「言語外的な出来事が言語によって表現される場合、(1)その出来事に関与するある特定の個体に注目し、その個体を際立たせるような形で表現する傾向、(2)その出来事を全体として捉え、そこに関与する個体があっても全体に含め、いわばそこに埋没させるような形で表現を構成する傾向、がある。英語は(1)の傾向が顕著な言語であり、日本語は(2)の傾向が強い」と述べている［池上 1982: 72］。本稿をめぐる多くの思索はほとんどこの理論の枠組みの中にある。

5　言葉のむこうに

　人がある状況に置かれたとき、状況のどこに注目するのだろうか。状況にいる個人か状況全体か、個人ならばどのような特徴を持つ個人か、状況を生んだ原因やその後の変化をどう考えるか。こうした認知のあり方は、言葉の表現につながるだけでなく、様々な問題の解決や生き方にも大きく関わってくる。
　3匹の大きな魚が泳ぎ、砂や海藻が周囲に見える水槽の写真をアメリカ人と日本人に見せて、その報告内容を分析した研究がある。実験によると、アメリカ人は3匹の大きな魚に注目する傾向があったのに対して、日本人は写真全体を包括的に報告したという。追加実験でも日本人が背景に関してより強い関心を持つ様子がうかがえた。『選択の科学』の著者シーナ・アイエンガーは、このような傾向に関して、「この情景を強力に支配する主体が何かという認識」の持ち方と関わっているとして、「特定の状況を支配する主体は誰なのか、あるいは何なのかという認識を形成するうえで、文化が重要な要素になっている」と述べている［アイエンガー 2010: 82］。性急な一般化は避けるべきであるが、日本人はある事態の解決策をどう考えるかと問われると、確かに全体を構成する要素の関係性から解決の糸口を見出そうとする傾向があるかもしれない。

事態への参与者が個人的に何をすべきかよりも、まず周囲の対立を調整して解決策を探ろうとする傾向があると言えよう。

　そのような態度の意義を最も見事に描いたのが黒澤明監督の名画『七人の侍』(1954) だろう。小さな農村の百姓たちと七人の侍が強大な野武士軍団に立ち向かう物語である。農民と侍という身分の対立や個々が抱える事情を一つひとつ解決しながら彼らは次第に団結していく。圧倒的なヒーローはいない。侍も農民もみな複雑な過去を持ち苦悩する。それでも全体を束ねるリーダーのもと、勇敢に戦って野武士に勝利するのである。海外でも大評判となり、設定を西部劇に移して今日まで何度もリメイクされてきた。

　多様な文化が交差する現在、国際共通語の一つである英語で話す機会が増えてくるだろう。そのときには世界を〈もの〉と〈もの〉との因果関係で捉えることを求められる。世界をいわば〈こと〉とみなす日本語・日本文化のものの見方は、英語を話すうえで障害になるかもしれない。その一方で、状況全体の推移を重視する日本文化の視点から、その場の議論を新たな方向に発展させる材料を見つけだすこともできるかもしれない。英語と日本語の比較もまた、文化によるものの見方の違いを自覚させ、互いの存在価値を認め合い、高めてくれる比較文化学となるのである。

参考・参照文献

Hinds, John (1986) *Situation vs. Person Focus* ——日本語らしさと英語らしさ, Tokyo, Kurosio Publishers.

アイエンガー、シーナ(2010)『選択の科学』東京：文藝春秋。

安西徹雄 (1983)『英語の発想』東京：講談社 (講談社現代新書)。

池上嘉彦(1982)「表現構造の比較 ——〈スル〉的な言語と〈ナル〉的な言語」國廣哲彌編『日英語比較講座　第4巻　発想と表現』東京：大修館書店、pp. 67–110。

辻幸夫編 (2013)『新編　認知言語学キーワード事典』東京：研究社。

外山滋比古 (1973)『日本語の論理』東京：中央公論社。

『ロングマン英和辞典』(2007)東京：桐原書店。

『ウィズダム英和辞典第3版 (井上永幸・赤野一郎編)』(2013)東京：三省堂。

座談会 III

21世紀に金沢で
比較文化学を学ぶ意味と意義

地方から世界を、世界から地方を問う姿勢を体得する

●参加者●

池谷和信／川村義治／小磯千尋／小西賢吾／
アヒム・バイヤー／本康宏史／山田孝子

グローバル化が進み、社会の変容が否応なしに進む21世紀。
日本のどこで暮らし、働くにも、その影響から逃れることはできません。
予測不可能な危機も起こりうる現代社会を生きるには
多様性を認め寛容性をもって世界に対峙する力
「比較文化力」が求められています

山田孝子●比較文化学を学ぶ際には、まず自分たちが暮らす日本、ふるさと、地元のことを見つめなおし、そのありようについて考える必要があると思います。それを抜きにして、どこか他国の地域どうしを比較することには、あまり意味がないと考えています。

池谷和信●比較文化学の基本課題の一つとして、21世紀をどう理解し、どう生きるか、その枠組みとしてどのようなものが考えられるのかということがあると思います。その点では、石川県の民俗を日本の別の地域と比べたり世界の各地と比較したりすることは、重要だし意義深いことだと考えます。金沢や石川県の風土は、ものすごくいい比較文化学の対象となり得る。日本国内だけでなく世界にも影響を与える成果が出せるのではないでしょうか。

比較文化学から考える
21世紀における地域社会のあり方

地域社会の
活性化は
いかにあるべきか

池谷●私が1980年ごろに急行「能登」に乗って金沢に来たときは千葉徳爾[1]先生という民俗学の大家に同行して、白峰村[2]などの調査に参加したのです。日本民俗学には戦前からの柳田國男と渋沢敬三[3]という流れがあって、千葉先生は柳田の流れを汲んでいる人でした。調査に参加した1980年当時は、ある意味ではまだ伝承が、

---

[1] 1916年－2001年。民俗学者、地理学者で、柳田國男門下生であった。人と動物の交渉史、山村文化などを研究した。『狩猟伝承研究』五巻をまとめるなど、日本における狩猟伝承の研究で顕著な貢献をし、第20回秩父宮記念学術賞を受賞している。

[2] 石川県南東端にあった村で、2005年に市町村合併により白山市となった。東は岐阜県、南は福井県に接する。白山の西斜面にあり、手取川上流域を占める。かつては出作り小屋で知られる焼畑耕作や炭焼きが盛んであったことが知られる。

[3] 1896年－1963年。実業家、政治家、民俗学研究者。明治期の実業家で財界の大御所であった渋沢栄一の孫。日本銀行総裁、幣原内閣では蔵相となる。アチック・ミューゼアム（のちの日本常民文化研究所）を設立し、常民文化研究の振興に尽力。

伝統文化が残っている時代だったともいえます。

しかし、最近また白峰村に行く機会がありましたが、とくにここ数年は山がかなり変わってきたように感じます。クマやシカが増えすぎて獣害問題[4]が起こるなど、もう人間が動物たちをコントロールできない時代になっている。白峰のような小さな山村でも、大きな変貌を遂げているのです。このような変化をみなさんが体験していることに世界的な意味があると思います。この変化はいったいなんなのか。これは金沢の変化とも連動していると思います。白峰の人は金沢に集まってきたのか、あるいはそこを通り越して東京を目指してしまったのか。

北陸新幹線も東京を中心とする都市文明の一つの指標ですね。それが開通して、金沢としてはこれからどの方向に行くのか。21世紀において地方の活性化はどのような方向に向かうのか、また向かうべきなのか。中国やネパール、ロシアではどうなのか。こういう問題も比較文化学のテーマの一つとして位置づけられると思います。

本康宏史●都市としての金沢は、2本の川に囲まれた地域に人びとが暮らす空間があり、遊廓やお墓などは川の外にあるという構造をもっていました。生と死、清浄とケガレを分けていたわけです。ところが、北陸新幹線の開通などによって多くの人が都会からやってきて、観光地としてかつての遊廓などにむしろ光が当たって、もはや陰ではなくなってしまった（写真1）。すべてが光って、光ることが魅力になってき

▲図1
金沢を流れる
2本の川と遊廓

[4] イノシシ、シカ、サル、クマなどが、人および畑の作物に害を与えること。現在、日本中でこの問題が起こっている。

◀写真1
ひがし茶屋街
重要伝統的建造物群保存地区。建築物140のうち約3分の2が伝統的建造物であり、茶屋町創設時から明治初期に建築された茶屋様式の町家が多く残る

た。いまのお話を聞いて、そんなことを思い出しました。

池谷●いま石川県が問われているのは、本当にこのまま進んでいいのかということかもしれません。このままでは石川県の個性がある意味では失われる部分もある。私たちが現在関心をもっているのは、個別の文化とより大きな文明を、どう共存させるかということです。ただし経済的な状況が大きく変化しているので、あまり残された文化だけに関心を向けても厳しいところがあるとは思いますが。

観光地化の功罪をめぐる地域間比較

本康●北陸新幹線が開通して盛り上がって、現在は少し落ちついてきていますが、やはりさまざまな弊害も出ています。身近な例ですと、近江町市場[5]（写真2）は本来は地元の台所で、まちの人が夕方に豆腐や魚を買いに行くという生活に密着した市場でした。それがいまや観光客で溢れて、日曜日は人も通れないような状態です。東西の茶屋街も、本来はどこか陰のある地域だったのが、完全に商

---

[5] 金沢市の中心部にある、主に生鮮食品などの食品と生活雑貨を扱う小売店が中心の市場。名前は近江商人がつくったことに由来する。「金沢市民の台所」として活気ある市場で、北陸新幹線開通後は観光客にも人気のスポット。

▲写真2〈左〉
近江町市場
海産物を中心とした飲食店も多く、観光客で賑わう

◀写真3〈右〉
京都の錦市場
日本でもっとも古い市場の一つとされる「京の台所」。近年ではインバウンドを中心に1日あたり約2万人の観光客が訪れる

業ベースになって、休みの日には大勢の人がやってきている状態です。

池谷● 近江町市場については、大阪の黒門市場や京都の錦市場(写真3)、東京の築地市場と基本的な構図は似ていると思います。市場の人たちはそれをどう思っていますか。「儲かればいい」という感じですか。

本康● 市場のなかでも考え方はそれぞれで、「お金になればいい」というお店もあれば、あまり喜んでいないお店もあると思います。

アヒム・バイヤー● 南ドイツの祭り「オクトーバーフェスト[6]」には、もう週末は地元の人が行けません。外国人やドイツ国内から来る観光客であまりに混んでしまうので、地元の人は平日に行くようになっています。

　近年ドイツのベルリンでは、観光客反対運動も出てきました。その理由の一つは、飲食店の雰囲気や料理の質が変わることです。観光客は一度来て食べるだけで何度も来ないので、質がよくないものを出しても許される。だから味が落ちるという意見もあります。

池谷● でも反対運動が起こると、観光で暮らしている人びとがどう生計を立てるかという心配が出てきますよね。

---

[6] ミュンヘンで毎年9月半ばから10月上旬に開催される世界最大規模のビール祭り。本シリーズ2巻『食からみる世界』参照。

バイヤー●もちろん観光産業に関わる人たちは、基本的には観光客に来てほしいと思っています。こういう事例はどの国でもあります。韓国でも、お寺に観光客を増やそうという政府の方針がありましたが、韓国仏教の僧侶たちはその「観光化」に反対しました。お寺は社会と距離を置いた存在だから、あまり観光客に来てほしくなかったのです。しかしお寺にも寄付金が必要ですし、どこかで仏僧と一般人とのつながりもあったほうがいいと考えて、結局は韓国仏教でもお寺の観光化に賛成しました。観光産業への賛否は、世界で共通して起こっている現象だと思います。

池谷●これは基本課題として考える必要がある事柄だと思います。日本ではカジノを誘致して観光客を呼び込もうとする動きもありますね。結局、お金儲けのためならなんでもするのか。21世紀におけるあり方として、どのような生き方がいいのかを考える必要がある。ドイツと日本という成熟社会のなかで、どんな生き方が増えているのか比較してみたいですね。お金以外の生き方があると考える人がドイツでは増えているかもしれない。

川村義治●都会から地方に人が押し寄せることの弊害の一方で、こういう話もあります。ある女性作家が、伝統的な金沢の水引を使ったアクセサリーを製作して注目を集めています。そういうものに光が当たって買い求める人がいるということは、これまでにない新たなエネルギーが生まれているわけです。個人であってもSNSなどのネットワークのなかでスポットライトが当たれば、おもしろいものは拡がる可能性がある。そこには希望があると思います。

池谷●しかし、そうして人気を集めるもののベースには、ある程度の歴史的な技術があるわけです。現在はそういう技術すら消えるぐらいまで変化が進んでしまいそうなのですが、本当に稀少なものを残しておくことで、その多様性がまた生きる時代が来ることもある。伝統文化と文明との関係をどう説明するかということも、21世紀における比較文化学の枠組みにおいては重要ですね。

21世紀に金沢で比較文化学を学ぶ意味と意義——
地方から世界を、世界から地方を問う姿勢を体得する

比較文化学を通じて培う
文化を相対化する視点と寛容性

多様性の尊重
が担保する
寛容の精神

本康●現代世界においては、多様性と裏表の関係にあるともいえる寛容性も重要だと思います。私は近代史を教えていますが、1930年代ごろの閉塞的な時代になると、他者に対する寛容性がなくなってきて、ややもするとちょっとしたことで衝突する世界になりかかっていたと感じます。比較文化学を通じて文化の多様性を知ることは他者の存在を認めることにつながりますから、それは寛容性を養うことにもなるのではないでしょうか。

池谷●日本の近代史でいうと、他者に対して不寛容になって、閉塞的な時代になったのはいつごろのことですか。

本康●戦争に入る前になると、もう完全に寛容性がなくなります。もちろん戦後は世界に開いていこうという方向になって、1970年に大阪で開催された万国博覧会のころには寛容性のある状況だったと思います。しかし現代はどこか危ない感じがしますね。

池谷●経済的な水準はよくなったし生活は向上したから、「なんでいまさらいろいろな世界を知る必要があるのか」みたいな感覚になって、閉じていっている部分もありますね。「日本は成功した。正しいんだ」みたいなイメージが一方である。やはり多様性の理解には、何か批判的なものが欠かせないのではないでしょうか。自分が暮らす社会に対して批判的な視点がないと現状に満足して、「日本はいい国だ」みたいな考えになってしまいがちです。そうすると寛容性は失われてしまいますね。

過度な
自己肯定感が
もたらす弊害

本康●自己反省的な視点に基づく多様性の理解が寛容性には必要だという点は、そのとおりだと思います。じつは金沢の大学で教えていると、学生はすごく金沢好きだったり、金沢に誇りをもっていたりして、批判的視点、批判力がかなり弱いと感じます。

「自分は幸せだ」といった肯定感がある。否定的な部分が多少はあったとしても、それをもとに他者を批判することもあまりなく、肯定しあうことのほうが多いと思います。

小磯千尋●自己肯定感が強いのですか。自文化肯定ですか。

本康●自己肯定的だと感じますね。本来、歴史学というのは批判する視点がたいせつなのですが、講義で教えていてもかなりそのまま受け入れる傾向が強い。こちらは批判するつもりでいても、「金沢も日本もすばらしいものだ」ととらえてしまいがちです。客観的にとらえれば、たしかに日本にはいいところがたくさんありますが、おかしなところだってたくさんある。そこをあまりみない傾向があることは問題です。

小磯●講義でインドの食の話をしていて、たとえばジャイナ教徒[7]の食の規制について説明したときの感想文を読むと、「ああ、私は日本に生まれてよかった」みたいになってしまっていますね。「肉が食べられないなんて考えられない」というレベルで止まってしまうことが多々あります。

バイヤー●そこは重要ですね。これはおそらく文化相対主義(cultural relativism)という態度と関係する話だと思います。「文化相対主義」とは、「正しい」と「正しくない」の判断をせずに、それぞれの文化で「正しい」と思われる行動、考え方などをその文化の文脈で「正しい」と認める概念です。私たちは、自分たちの文化がすぐれていて正しいと思い、多くの異文化は劣っていて間違っていると思いがちです。しかしメタ的な立場からみると、正しいとか正しくないとかいう区別はできません。

　ところが自分の人生に満足しすぎていると、新しいものは不要だという考え方や、他の文化は価値がないという考えに陥る危険が常にある。一方で、別のもの、新しいものばかりがよくて古いものは

---

7) 仏教と同時期(前6〜前5世紀)にマハーヴィーラを祖師として興ったインドの宗教。不殺生の誓戒をはじめ、徹底した苦行・禁欲主義で知られる。

幸福度が高く矛盾に気づきにくい北陸人気質

だめとか、そんな考え方もよくないですね。バランスが必要です。

小磯●学生さんをみていると、未知のものに対して、もっとワクワクしないのかなと思うことがときどきありますね。いまの学生さんの多くはこの北陸3県がすばらしいところだと思っていて、ここを出る気はなく、東京にもあまり目が向かないようです。

小西賢吾●そうですね。「東京なんて怖い」という人もいますよ。

池谷●北陸に暮らしていると幸せなんですね。

小西●近年、全国都道府県の幸福度ランキングが話題になりましたが、北陸が上位にくることが多くあります[8]。

小磯●私は長野県の出身ですが、早く東京に出たいという思いがありました。北陸3県はそんなに住みやすい土地なのですか。

本康●指標がそうなっているだけだと思いますよ。

バイヤー●石川文化や加賀文化、地元の特徴について考えてレポートを書いてくださいと課題を出すと、「石川県はみんな自分の家族が好き」、「みんな仲がいい」という話が出てきました。

池谷●それは健全なことではないですか。

本康●いや、あまり健全ではないと思いますよ。何か疑問を感じていたり、嫌なところもあったりするほうが明らかに健全です。北陸の場合、たとえば在日外国人の方の存在や差別の問題について、意識がかなり薄いです。周辺に現象が少ないので、社会に存在する矛盾や問題に気づきにくい。

池谷●北陸は歴史的に飢饉などはなかったのですか。たとえば岩手であれば冷害などがありましたが。

本康●雪以外の自然災害がそれほどない地域でした。それに加えて加賀藩の保守的な体質がずっと続いてきましたから、あまり変化や

---

8) たとえば、法政大学大学院政策創造研究科の坂本研究室が調査・作成したランキングでは、福井県・富山県・石川県がトップ3を占めている［坂本・幸福度指数研究会 2011］。

刺激を求めない県民性があるのです。

池谷●「東京が怖い」という話は、かつてはみんなそう思っていたと思いますが、テレビなどでこれだけ情報が流れている現在においてもそうなんですか。

本康●行って遊ぶのはいいけど、暮らしたいとは思わないようです。忙しないとか、人が多くて怖かったという感想を聞きますね。

池谷●北陸、とくに富山県は持ち家比率[9]が高いですね。

本康●北陸3県は高いですね。

小磯●たいていの家は広いし、仏間がありますね。

池谷●犯罪などの話もあまりないのですか。

本康●まったくないことはないでしょうけれども、少ないですね。

日本的家族の姿が残る北陸の諸問題

山田●学生たちをみていると、金沢では家族のなかできちんとした親と子の役割があって、親がすごくしっかりと子どもとの関係をつくっている印象を受けました。子どもは子どもで、親に対しての接し方がきちんとしている。日本的な家族のあり方がまだ崩れていないといえるのではないでしょうか。

小西●たとえば、出生率や女性の就業率が全国でトップクラスである福井県で、その背景の一つとして三世代同居が多いことが注目されました[10]。たしかに、北陸では大都市ほどには核家族は多くないのかもしれません。

小磯●石川県では、祖父母と暮らしている人が多いですね。おばあ

---

[9] 総務省統計局は、5年ごとに10月1日現在で「住宅・土地統計調査」を実施しており、人が居住している住宅について、住宅全体に占める持ち家数の割合を持ち家住宅率として公表している。これを受けて、日本経済新聞では、たとえば、2017年7月2日付の記事「持ち家率、東京都は全国最低（Tokyo Data）」で持ち家率の順位が取り上げられ、富山は1位、福井県は4位、東京都は47位といった結果が報道されている。

[10] こうした家族のあり方や働き方を含めた福井県の生活の特徴は「福井モデル」として紹介され、少子化対策や持続可能な社会の構築へのヒントとして注目された［藤吉 2015］。

21世紀に金沢で比較文化学を学ぶ意味と意義——
地方から世界を、世界から地方を問う姿勢を体得する

▲図2
石川の過疎状況
全国過疎地域自立促進連盟のWebサイト〈http://www.kaso-net.or.jp/map/isikawa.htm〉を参考に作成

ちゃんが大学まで自動車で送ってくれるという学生もいます。

本康●たしかに石川、金沢は、家族やコミュニティが残っているほうでしょうね。

池谷●日本全体をみると、人口減や高齢化社会など、さまざまな共通の問題がありますよね。

小磯●都市でも空き家がすごく増えています。老人問題も多い。

小西●石川県でもとくに能登地域での過疎・高齢化問題は深刻です（図2）。

池谷●イオンなどの全国的な大規模店舗が進出して、中心商店街で閑古鳥が鳴いてしまうといったことはないのですか。

本康●それもあります。金沢はまだましですが、小松市や七尾市などでは大きな問題になっています。新幹線の開通もあって、金沢は特別に潤ってしまっているところがあります。他の地方都市に比べるとそこそこというか、右肩上がり的な雰囲気はありますね。その分やはり歪みが出て、金沢以外の石川県の都市はたいへんです。

多様性を学ぶことで育む「比較文化力」
——リスクの多い現代を生き抜くために

（北陸で比較文化学を学ぶ意義とは）

小西●比較文化学を学ぶことは自分の文化を相対化することでもありますが、そこで得られる「知」は即効性がなくてもいいと私は思っています。たとえば学生のときにピンとこなくても、就職して、どこかの時点で人生に行き詰まったときに、「自分の周りの世界がすべてではない」と気づくきっかけになればいい。18歳の時点でなんとも思わなくても、もう少し年齢を重ねたときに、「そう

113

いえばインドではこんなときもっと楽に考えていたはずなのに」と思い出してくれたらという思いもあります。

池谷●まさにそうですね。多様性を学び、多様な価値を認めることは、大学の授業で完結する話ではなく、世の中の荒波のなかを生き抜くうえでの力強いパワーになり得ます。すぐには生きなくても、卒業したあと就職してからでも生きる。現代はリスクの時代なので、卒業後の生活が安定して、死ぬまで何もなく終わるということはあり得ません。変化やリスクに対する適応力という意味でも、多様な世界、多様な価値観を知っておくことは強みになるわけです。

小西●大都市圏だけではなく金沢でも、新幹線開通に代表されるように、人びとの移動と交流が多様化、活発化しています。大学での学びや、社会人・職業人としての生活においても、ローカルな価値観だけが通用する時代ではなくなってきている。そのなかで若い世代がこれからどう生きていくか。これは切実な問題です。そこで生きる力になることを比較文化学は提供できると思っています。たとえば学生のみなさんが将来働く現場では、さまざまな文化の人と出会って、ともに仕事をすることだってあり得ます。そのときには比較文化学の視点が必ず役に立つでしょう。

本康●やはり重要なのは多様性と寛容性ですね。比較文化学を学ぶことによって、それを身につけてもらいたい。その意味では、多少の批判性、批判力も必要です。金沢はすごくいいところだけれども、少し客観的にみる視点も身につけてほしい。そのためにもやはり日本にも世界にもさまざまな文化があり、多様な価値観があることを学んでほしいと思いますね。

池谷●先ほどもありましたが、新幹線によるネガティブな要因も、もっとこれから出てくるのではないかと思います。そうすると、新幹線で訪れる人がすべて他民族というわけではないですが、異質な文化をもった人と金沢のなかで接触する機会がより増えることになる。新潟でも東北でも、新幹線が開通した都市には、黒船来航で

はありませんが、資本も含めてどんどん東京のものが入りました。日帰りできるようになれば支店はいらないですからね。北陸が完全に中央直結になったことによって、これから10年は新しい金沢としての基礎体力をつけないと、吸収されていってしまう。

本康●まさにストロー[11]になってしまうわけですね。

池谷●ですから、そのベースとなる基礎体力こそが、自文化を相対化し、他者を理解し認めあい、多様性と寛容性を兼ね備えて世界に対峙する力、つまり「比較文化力」とでもいうべきものだと思います。比較文化学を通じてこの力を身につけることは、21世紀の金沢で暮らす人びとにとって不可欠だと思います。

中央との
距離感と
「金沢らしさ」の
ゆくえ

本康●金沢は商業圏として興味深くて、これまでに三越が2回出店して、2回とも5年で撤退しています。武蔵ヶ辻の現在「かなざわハコマチ」がある場所に昭和の初めに出店したのですが、大和と競合して、結局は5年で撤退してしまった。20年ぐらい前にも駅前のビルが建ったときに三越が来ましたが、それも5年で出て行きました。地元の資本、商業者ががっちりと固めていて、三越の入る余地がなくなっていたのです。

　新幹線が開通して、これからはさらに大量の外来のものが流入してくる可能性がありますから、そういう強固な基盤を活かしつつ、うまく対処していく必要があります。

池谷●仙台ですと、新幹線が開通する前には藤崎などの地元のデパートが中心でした。しかし新幹線が開通して、パルコなどが東京から来て、渋谷みたいになってしまった。資本主義経済だとどうしても中央に負けてしまうのですが、もし「金沢人」という民族がいるとしたら、中央の資本主義に対抗できる力はあるのでしょうか。

---

11) 交通網の開通により経路上の大都市が繁栄し、小都市が衰退する現象を「ストロー現象(効果)」という。小都市の住人が大都市に買い物に出かけ、小都市にある企業の支店が閉鎖されるなどの傾向が生じる。

◀写真4
金沢駅の鼓門
日本の各都市の駅前はどこもよく似た景色が多いなか、金沢ならではの景観を演出する。金沢駅はアメリカの旅行雑誌の「世界でもっとも美しい駅14選」に日本で唯一選ばれた

本康●山出保[12]さんという前金沢市長がそういう自立の気概をもった方で、現在の金沢のプランニングをして育ててきました。

池谷●中央との距離感をどうとるのかというのは重要ですね。島根、鳥取などは中央からは遠すぎて、人口の面でも東京からあまり相手にされていないかもしれない。高知なんか無視されてしまっている。一方で東北みたいに完全に飲み込まれてしまう地域もある。金沢はちょうど中間にあって、まだどちらにも進める。だから金沢はこれから踏ん張らないといけないと思います。

本康●踏ん張らないと金沢らしさが失われてしまいますね。その意味では、金沢駅（写真4）があのかたちになったのも、「どこにでもあるような駅はつくらない」というこだわりがあってのことです。

───────

池谷●金沢は、経済基盤がしっかりしているだけではなく、暮らしやすさもあることがすごいと思います。中央政府はどちらかというと経済しか考えていないなかで、これからの地方政策を先

県民性を入り口に比較文化学の世界へ

───────

[12] 元金沢市長（5期）。全国市長会会長、石川県市長会会長等を歴任。「歴史都市づくり」を基調に多様な政策を展開。旧町名復活運動、「こまちなみ」制度創設、金沢駅東口の整備・再開発、金沢市民芸術村・金沢21世紀美術館・三文豪の記念館等の文化施設の整備などに尽力した。『金沢らしさとは何か』、『金沢の気骨――文化でまちづくり』（北國新聞社）など著書も多い。

116

取りしているといえるのではないでしょうか。この石川の価値観の
なかには、ブータン[13]とまではいいませんが、特有の「金沢幸福度
数」みたいなものがあるように感じます。

　それは一面では消極的ともいえるし、自己肯定感が強すぎること
は問題ですが、経済的にとにかくがむしゃらに上にというわけでは
なくて、「このあたりでいい」という精神がある。これは現在の日
本に欠けている点ではないでしょうか。欲望だけで動くと上へ上へ
と際限なく進んでいって、だいたい失敗する。中央、東京もそうだ
と思いますよ。

小西●金沢がもつそういう精神、文化の源泉を探ることも比較文化
学のテーマになると思います。東京的なものと金沢がもっているも
のという国内の比較軸も立てられるでしょう。私もチベット研究を
していてブータンにも関心がありますから、ブータンと北陸も比較
できるかもしれない。幸福度をどう測るかについては議論があると
ころですが、暮らしのなかでの実感として経済以外の価値観がある
という部分でも、軸を立てることができる。

山田●高知にしても鹿児島にしても、もちろん中央から距離も遠い
ですが、独特なんですよね。絶対に東京と同じにはならない。そう
いう点では金沢も似ているところがあります。その源泉はどこまで
さかのぼれるのかわかりませんが、独特の県民性がありますね。

池谷●やはり大きいのは江戸時代ですかね。

本康●たとえばドイツは連邦国家で、各州がかなり独立しています。
同じように日本の場合は藩が経済単位になっていて、しかも閉鎖性
があったことから、そこで一つの文化が育まれました。大きな藩は
そこだけで一つの国をつくっていたようなもので、加賀や土佐、薩

---

13) 北は中国、東西南はインドと国境を接する南アジアの国で、首都はティンプー。
チベットから伝わった仏教（ドゥクパ・カギュ派）を国教とし、民族構成はチベッ
ト系8割、ネパール系2割であり、ゾンカ語を公用語とする。国民全体の幸福
度を示す尺度をつくり、GNH（国民総幸福）を政策策定の指針として導入したこ
とで、世界的な注目を集めた。

摩はその文化が強い。しかもプライドも高いので、それが現代まで
そのまま残っているという例です。

　封建制が絶対いいとは思いませんが、ある意味では全部一律、東
京になってしまわずに、文化や風習が残りやすかったという点は、
藩があったことのよさではないでしょうか。

小西●北陸出身の学生たちは自分たちの独特さにまだ気づいていな
いかもしれませんが、比較文化学を通じてそれに気づくことは、21
世紀を生き抜く力をつけるうえで、一つのステップになるかもしれ
ませんね。

山田●独自性に気づくためには、自分たちの文化を見つめなおすこ
とも含めて、まずは多様な文化の存在を知り、比較をして考えるこ
とです。そうすることで他者のたいせつさにも、自分のたいせつさ
にも気づくことにつながると思います。学生のみなさんには、どん
な入り口からでもいいので、比較文化学の学びの世界に飛び込んで
みてほしいですね。

参考・参照文献

坂本光司・幸福度指数研究会（2011）『日本でいちばん幸せな県民』京都：PHP
　研究所。
藤吉雅春（2015）『福井モデル──未来は地方から始まる』東京：文藝春秋。

京・江戸・金沢
比較文化史の視点で解き明かす
「加賀百万石」

本康 宏史

1 金沢は「小京都」か「小江戸」か

金沢は、かつて「小京都」と呼ばれていたことがある。文豪室生犀星も、例えば昭和30年代につぎのように記している。「家は古び、樹木は老いて美しい古城下の町になっていた。町の東と西に犀川と浅野川の二つの大川があり、築城と同時に引いた用水がその町の真中をつらぬき、小流れの溝がその間を細かく縫うて走っていた。北陸の京都という名前も決して金沢人がつけたのではなく、高名な文化人がそう呼んでくれたのである」（傍点引用者）[室生 1959]。多少文学的な形容もあるが、金沢のイメージを構成する要素として、「京文化」が強調された時代が高度成長期を中心にあったことがわかる。

一方、「小江戸」という冠称もそれなりに使われてきた。武家文化の代表的な城下町として「加賀百万石」を前面に打ち出し、江戸文化の影響を強調する傾向である。早くは、金沢の近世史家である田中喜男が、加賀藩の著名な兵学者の有沢武貞（1682〜1739）による「越登賀三州（越中・能登・加賀）の武士、大中小身、皆一府に集まって広大をなすこと江戸の風」という江戸中期の言を受け、「金沢を小江戸と見ている」と評している [田中 1988：16-23]。江戸・東京学の第一人者であった小木新造が、「『小京都』として名高い石川県金沢も『小江戸』とよばれたことが、一例みつかっている」（『江戸東京学事典』「小江戸」の項目）と紹介したのは、このことを指しているのであろう [小木 1987：275]。

一般に、都市の文化的な特色を考える際、より代表的な都市文化との比較を通じて分析することは、それなりに有効な方法である。金沢を彩る都市像（文化イメージ）も、むろん歴史的に形成され、増幅（もしくは消滅）し今日にいたっている。このような都市金沢の言説の虚像と実像を検証しつつ読み解くことは、「金沢文化」論を構成する重要なテーマといえよう。

2 「小江戸」と「百万石」

近年の金沢「小江戸」論をリードする論者に、民俗学者の小林忠雄がある。小林は「金沢は決して京都ではなく、歴然たる近世城下町である」という。し

かも、「過去のジャーナリズムが生み出した小京都ブームは、金沢の場合、逆に本来あった都市の個性をすっかりゆがめてしまったきらいがある」と糾弾するほどである [小林 2010：110]。小林によれば、「金沢らしさ」は京文化の模倣ではなく、明らかに江戸時代の武士と町人が一体となり営んできた「日本を代表する城下町文化」なのである [小林 2013]。とはいえ、こうした見方も、実は小林に始まったものではない。例えば、かつて歴史学者の下出積與も以下のように語っているのである。

　　百万石文化は前田家によって移入された京都文化に起源を発し、その繁栄はたしかに加賀藩がスポンサーになる事によって支えられた。しかし、京都文化を金沢の風土で純粋培養し、公家文化にして公家文化にあらず、江戸に見るような武家文化にして武家文化にあらざる、一種独特の文化（百万石文化としか名づけようがない）を創造していったのは、金沢の職人であり町人であったことを見逃してはならない（昭和50年代の地元新聞の企画記事から）[北国新聞社1982：272]。

　この点については、さきの小木新造も、金沢の民家調査の結果 (出典不明) を事例❶に、「一九世紀を境に京都風から江戸風への転換がみられる」と指摘し、「都市としての中央性が一八世紀後半以降、京都から江戸へ移った可能性を示唆しているのではあるまいか」と敷衍している [小木 1987：274-275]。おそらく、小林も小木の見解を受けて、「金沢の近世文化は、前期は京 (公家文化) の影響、後期は江戸 (武家庶民文化) の影響」であると追認し、その枠内での京都文化の影響についても否定できなかったのではないか。ゆえに、別稿では「江戸時代を通じた京文化と江戸文化の流れが明確に見えてくる」と、論旨に微妙な幅が生じているのであろう❷。

　こうした仮説によれば、「京都の安土・桃山文化は茶の湯が中心の雅な貴族

❶ 京町屋の特徴である間口が狭くうなぎの寝床のような奥行きの長い形態から、江戸の武家屋敷のような長屋門をもつ広い庭を有した住宅へと変化したという。

❷ 小林と小木は、国立歴史民俗博物館の都市文化をめぐる共同研究のメンバーで、1990年代に金沢を現地調査している。筆者もその折に調査に同伴した。

◀写真1 金沢市の長町武家屋敷跡
加賀藩の上流・中流階級の藩士が住んでいた屋敷の跡で、土塀や門構えに往事の面影を残す

文化であり、きわめて感覚的で、しかも権力を象徴させるような道具類を作ることに心血が注がれた。しかし、江戸時代になると徳川家が中心の江戸幕府は、いわば感覚的な美学的価値というよりは実質を重んじた学芸や学問技術と、いかにも武士らしい振る舞いを表示する能楽や武術などに心血を注いだ」という理解を生み出す。しかも、「金沢に見る小京都から小江戸への変化は、前近代から近代への変化を指し示したものであったことを、ここでは再度確認しておきたい」とまで敷衍するのである(傍点引用者)［小林 2010：125-126］。歴史認識としてはかなり大胆な論理のように思われるが、「小京都」と「小江戸」の間で揺れ動く金沢の文化アイデンティティの問題自体は、改めて検証すべきテーマに違いない。

3 比較文化史という方法

いずれにせよ、金沢のような歴史都市に関して、比較文化史的な視点はきわめて有効であると思われる。比較文化史的な視点とは、ある地域(都市)の文化を考える際、他の地域(都市)の文化の歴史的な事象から類推する方法論といえよう。いわば、歴史的背景から対象地域の文化を比較しつつ考察する手法である。その際、この「歴史的背景」には、二つの意味があることに注意しな

ければならない。

　例えば、「小京都」というキーワード（イメージ）で文化を比較した場合で考えてみよう。まず、民俗学者の松崎憲三が整理するように、それは「京都と地方文化との伝播・交流にかかわるテーマ」にほかならない。ちなみに『広辞苑』によれば、「小京都」とは「古い町並が残り、京都のような趣を持つ小都市」と説明される［松崎 2010：27］。

　たしかに、中世史家の村井康彦によれば「小京都」の出現は、「戦国大名たちが分国支配の拠点として営んだ城下町の出現と（ときを）同じくしている」（カッコ書きは引用者補足）とされ、「小京都の実体と特質を明らかにすることは、そのまま室町戦国時代における『領国文化』、ひいては中世文化の理解に資することにもなる」と指摘するような「歴史的背景」をもつ。ここで村井は、越前の一乗谷や長州の山口を武家的小京都の典型として取り上げているのである［村井 1975］。

　とはいえ、「小京都」が一般に喧伝されたのは、やはり、戦後、高度成長期の観光ブームに乗って、「古都京都」への憧憬が全国に広まったことが契機であった。伝統的な農村文化が急激に失われていくなか、多くの人々が日本的なもの、あるいは心の故郷を求めた時代である。しばしば指摘されるように、全国に「小京都」がにわかに増えていったのは、旧国鉄によるキャンペーン「ディスカバー・ジャパン❸」以降といえよう。

　例えば、当時「小京都」と銘打つ地方都市は40数か所存在し、「全国京都会議」を結成していた❹。この組織は、「全国各地に所在する京都ゆかりの市町が提携し、広域観光キャンペーンを実施して、各市町のイメージアップと観光客の増加を図ることを目的とする」（規約第2条）というものである［松崎 2010：15］。ちなみに、同会議への加盟基準は、以下の三条件のうち一つ以上当てはまることとなっていた（①京都に似た自然景観、町並み、たたずまいがある、②京都と歴史的な繋

---

❸旧国鉄（現JR）が1970年から始めた旅行キャンペーン。個人旅行客の増加を目的とした企画や宣伝が社会の変化とマッチし、旅行キャンペーンとしては成功したといわれる。

❹全国京都会議は、昭和60年（1985）5月、全国27市町の参加を得て結成。平安建都1200年を控え、文化資源化、観光資源化を主たる目的とした「京都文化の見直し」をはかるものとされた。

◀写真2 金沢市の主計町茶屋街
ひがし茶屋街から浅野川大橋を挟んで対角線上に位置する。町名はかつて加賀藩士・富田主計(とだかずえ)の屋敷があったことに由来する

がりがある、③伝統的な産業、芸能がある)。当時、金沢市は、高知県の中村市で開催された総会で岡山県の高梁市とともに加入し(昭和63(1988)年開催。同年の会員数は39市町)、その後、「ブロック別誘致宣伝活動」事業の一環として、京都・松江とともに、「三古都観光開発協議会」をも結成していたという(傍点引用者)❺[松崎 2010：17-18]。

　以上のような先行研究の整理を踏まえたうえで、比較文化の視点からある文化の「歴史的背景」を考察する場合には、二つのレベルでの分析が必要になることを提起したい。すなわち、一つは歴史的な「実証」の問題で、もうひとつは、歴史的な「記憶」の問題である。例えば、「小京都」を例とすると、前者は①「小京都」というイメージを構成する要素を歴史的事例から実証することで、後者は②なぜ「小京都」と呼ばれたのか、言説の背景を歴史的に分析することになる。

　もちろん両者は密接に関係しているものの、とくに筆者は、後者②に注目する。なぜなら、「小京都」すなわち金沢に京都のイメージを重ねる言説は、しばしば何らかの意図をもってなされてきたからである。それは、行政の観光戦略であったり、企業の商品宣伝であったり、学者の研究傾向であったり、

---

❺ 金沢市は「全国京都会議」から2008年に脱会するが、その背景には、金沢城の再建など、「城下町」色を強調する地域振興・観光戦略があったものと思われる。事実、この後、金沢市・石川県は「城下町」の景観を柱に、「世界遺産」の登録を目指すことになる。

さまざまであるが、いずれにせよ、金沢のイメージに京都のもつ「古都」的な要素を付加することで、何らかのメリットがあったからこそ、そうした言説が求められたのではないだろうか。こうした点を具体的に明らかにしたい。

4 「記憶」としての「加賀百万石」

筆者は、こうした二つの視座から、「加賀百万石」イメージの実態を比較文化史の事例として検証すべきと考えている。具体的には、地域（都市）の記憶（社会的・文化的イメージ）が、いかなる言説の集積によって形成されたか、つまり、どのような社会的要請を背景に成り立っているのかを明らかにする作業である。

例えば、「文化大名として有名な五代藩主綱紀による京文化の導入」とか、「寛永・元禄文化を支えたのは、パトロンとしての前田家」という常套句が、とりわけ美術工芸の分野では喧伝されてきた。しかし、綱紀にしても寛永文化にしても、江戸時代はおろか、維新以降の段階で評価が高かったわけではない。綱紀が急に「名君」として喧伝されるのは、同じく「名君」とされた明治後期の当主利為（1885〜1942）が、七日市前田家から養子として迎えられた明治30年代のことであった。あるいは、京文化のスターである俵屋宗達❻（生没年不詳）や宮崎友禅斎❼（1654〜1736）の墓が、なぜか相次いで金沢で「発見」されるのも、大正期に流行する三越百貨店などの「元禄趣味」戦略とこれに協力した金沢の郷土史家（加越能史談会会員ら）の「活躍」によるところが大きい。このような事例は、むしろ近代金沢の問題として、江戸文化からの継承性を考えるうえで有効ではないだろうか。

その際、「金沢は小京都か小江戸か」論を止揚しつつ、「加賀百万石」城下町の「記憶」が強調される経緯はぜひとも詳らかにしなければならない［本康2006］。ここで「百万石の記憶」の強調というのは、以下のような事例である。例えば、「金沢城は、近世後期の姿に復元すべき」とした金沢大学跡地等利用

---

❻ 江戸時代初期の画家。「琳派の祖」として知られる。代表作は『風神雷神図』など。墓所は金沢市の宝円寺とされるが、異論もある。

❼ 江戸初期の扇絵師。「友禅染の祖」とされ、墓所は金沢市の龍国寺といわれるが、否定説もある。

▲写真3〈左〉金沢漆器、写真4〈右〉加賀料理　金沢漆器についても加賀料理についても、京文化および江戸文化の影響と「パトロンとしての前田家」の存在が強調されている

　懇話会の方針は、一向一揆の時代や陸軍（第九師団）駐留の時代、さらには戦後の金沢大学時代の金沢城域の歴史を、必ずしも市民に認識させようとするものではない。あるいは、「兼六園は、百万石の美意識を代表する名園」という（県や公園事務所などの）アピールは、「都市公園」として展開し修景され続けた兼六園の姿や近代の歴史を伝えるものではない。このような、加賀藩時代に傾斜する文化観を明らかにすることで、むしろ金沢の近世〜近現代の総合的な理解が得られるのではないだろうか。

　近年の文化史研究では、近代日本における「歴史意識」の形成とその役割、さらに地域統合との関係について強い関心がよせられている。そうしたなか、旧藩の枠組みが、（各藩が）維新をどのような立場で迎えたかを軸として、その後の地域の「歴史意識」に深くかかわっていることも指摘されている。例えば、加賀藩や金沢の文化を考える際に、越前藩や福井の文化、富山藩や富山・高岡の文化を比較検討することで、それぞれの違いの背景や思わぬ共通点が発見できるのではないか。このことは、城下町間の比較にとどまらない。金沢文化に影響を与えたとされる「京都」や「江戸」との比較は、さらに興味深い発見が期待できよう。

　「小京都」論や「小江戸」論を媒介とした「加賀百万石」の記憶をめぐる考

察は、こうした近年の都市史研究・文化史研究の一環としても位置づけられるものと思われるのである。

参考・参照文献

小木新造(1987)「小江戸」小木新造・竹内誠・前田愛ほか[編]『江戸東京学事典』東京：三省堂、pp.274-275。

小林忠雄(2010)「金沢における小京都と小江戸の文化論」松崎憲三[編]『小京都と小江戸——「うつし」文化の研究』東京：岩田書院、pp.109-127。

小林忠雄(2013)「金沢らしさって何？　文化的景修景のためのヒント(52)」『北陸中日新聞』平成25年2月10日。

高木博志[編](2013)『近代日本の歴史都市——古都と城下町』京都：思文閣出版。

田中喜男(1988)『金沢町人の世界——金沢パフォーマンスの原像』東京：国書刊行会。

北国新聞社[編](1982)『金沢考』金沢：北国新聞社。

松崎憲三(2010)「序論「小京都と小江戸」論に向けて」松崎憲三[編]『小京都と小江戸——「うつし」文化の研究』東京：岩田書院、pp.7-30。

村井康彦(1975)『小京都へ』東京：平凡社(平凡社カラー新書)。

室生犀星(1993[1959])「加賀金沢」『加賀金沢・故郷を辞す』東京：講談社。

本康宏史(2006)「『加賀百万石』の記憶——前田家の表象と地域の近代」『日本史研究』525号、pp.52-76、京都：日本史研究会。

————(2013)「『城下町金沢』の記憶——創出された『藩政期の景観』をめぐって」高木博志[編]『近代日本の歴史都市——古都と城下町』京都：思文閣出版、pp.387-411。

あとがき

　本シリーズの出版構想は、第2巻『食からみる世界』ですでに述べているが、金沢星稜大学における平成28年度の人文学部国際文化学科の開設に端を発している。本シリーズの出版は、北陸地方にとどまらず日本各地のローカルな文化の理解とともに、世界各地の暮らしと文化を理解するという自他双方の深い文化理解のもと、グローバルな視野をもって地域社会に役立つ人材の育成をめざす「比較文化学」教育の入門書としての活用を考え取り組んでいるものである。

　本シリーズの第1巻である本書では、多様な視点から文化の比較をめざす学際的な領域である「比較文化学」とは何か、その可能性と魅力は何か、そしてグローバル時代においてどのような方法論があり得るのかなどをテーマにまとめた。さらに本書の特徴として、金沢や北陸地方といった、日本の諸地域を拠点として比較文化学を学ぶ意味と意義をテーマに盛り込んでいることがあげられる。こうしたテーマについて、専門分野を異にする研究者が、それぞれの立場からの比較文化学の可能性について自由な議論を行った座談会を軸に、その内容を補強する6篇の論考を配置している。

　本書のもとになった座談会では、総合研究大学院大学地域文化学専攻の大学院教育にも関わっておられる国立民族学博物館の池谷和信教授をお招きして加わっていただいた。日本とアフリカ、ユーラシア北部、南米と世界各地を対象に、生き物と人との相互関係をテーマに研究を進めておられる池谷氏の参加により、より一層専門領域・地域を異にする立場からの議論がすすみ、比較文化学がもたらす今日的意義、「比較でとらえる世界の諸相」の姿を少なからず浮かびあがらせることができたのではと思っている。

　本書の出版は、金沢星稜大学総合研究所のプロジェクト研究所に採択された「比較文化学教育研究所」（平成28年度〜31年度）の「グローバルな世界情勢に対処できる人材育成のための比較文化学の教育方法と課題に関する研究」の一環として可能となったものである。金沢星稜大学総合研究所の研究助成に感謝したい。また、本書の出版は、シリーズの企画からレイアウト、きめが細かく的確な編集助言、とくにさまざまなトピックが飛び交った座談会の議論をコンパクトに編集していただいたことなど、英明企画編集株式会社の松下貴弘氏の尽力なくしてはできあがらなかったものである。この場を借りて氏にあらためて感謝の意を表したい。

編者　山田孝子・小西賢吾

写真クレジット

（ ）内は撮影年を示す。

- 2ページ、4ページ4段目、7ページ左1段目、23ページ、45ページ、48ページ……小西賢吾（2009）

- 3ページ、9ページ下右、19ページ下、53ページ上右、70ページ上左……山田孝子（1999）

- 4ページ1段目、27ページ図1左下、左上……山田孝子（1990）

- 4ページ2段目……小磯千尋（2003）

- 4ページ3段目、5ページ5段目、6ページ左2段目、18ページ下、25ページ4段目、63ページ…………山田孝子（1977）

- 4ページ5段目、5ページ1段目、70ページ上右……山田孝子（2001）

- 5ページ2段目、25ページ2段目、27ページ図1左中……山田孝子（1973）

- 5ページ3段目、7ページ左3段目、25ページ3段目、27ページ図1右下、27ページ図1中央上、27ページ図1右1段目、36ページ……山田孝子（1976）

- 5ページ4段目、25ページ1段目……山田孝子（2003）

- 6ページ左1段目……山田孝子（1998）

- 6ページ中央1段目、16ページ右、17ページ……山田孝子（1994）

- 6ページ中央2段目、27ページ図1右3段目……山田孝子（2009）

- 6ページ中央3段目、90ページ右……小磯千尋（2009）

- 6ページ右1段目、7ページ中央2段目、7ページ右1段目、53ページ上左、54ページ、55ページ、56ページ……国立民族学博物館提供

- 6ページ右2段目……小西賢吾（2012）

- 6ページ右3段目……©Punyaruk Baingern – Fotolia

- 7ページ左2段目……©tawatchai1990 – Fotolia

- 7ページ中央1段目……©Yves – Fotolia

- 7ページ中央3段目、75ページ下、77ページ……ジェームズ・ロバーソン（1983）

- 7ページ右2段目……©Galyna Andrushko – Fotolia

- 8ページ左から1列目1段目、103ページ上左、106ページ、122ページ……©mtaira – Fotolia

- 8ページ左から1列目2段目、103ページ下右……©PAKUTASO

- 8ページ左から2列目1段目、53ページ下左、66ページ、103ページ下左、107ページ左……小西賢吾（2017）

- 8ページ左から2列目2段目、37ページ左……山田孝子（1972）

- 8ページ左から3列目1段目……山田孝子（2012）

- 8ページ左から3列目2段目、103ページ上右、116ページ……©oben901 – Fotolia

- 8ページ左から3列目3段目……山田孝子（2017）

- 8ページ最右、107ページ右……英明企画編集（2017）

- ●9ページ上左、上右、16ページ左、18ページ上、19ページ上左、上右、70ページ下、71ページ上右……山田孝子（2000）

- ●9ページ下左、13ページ左、右……小磯学（2011）

- ●27ページ図1中央下、53ページ下右、71ページ上左、下……山田孝子（1996）

- ●27ページ図1右2段目……山田孝子（1984）

- ●30ページ上、31ページ右、左、32ページ右……山田孝子（2005）

- ●32ページ左、37ページ右……山田孝子（2011）

- ●57ページ、58ページ……小磯千尋（2015）

- ●59ページ…………©livanich – Fotolia

- ●75ページ上、81ページ……ジェームズ・ロバーソン（2016）

- ●85ページ上、88ページ、93ページ……小磯千尋（2004）

- ●85ページ下、90ページ左……小磯千尋（2003）

- ●91ページ……小磯千尋（2008）

- ●119ページ1段目、2段目、126ページ……金沢市提供

- ●119ページ3段目、124ページ……©Nature K Photostudio – Fotolia

索引──比較文化学の世界への入り口

本書掲載の座談会、論考から、比較文化学を学ぶ入り口となるトピックを
ジャンルごとにまとめました。
興味・関心のある領域から、あるいは自分と関連がある事柄から
学びの世界へと進んでください。

異文化 (他者) に向き合う姿勢と方法／世界の国、地域・海域、地名／
日本の地域、地名／民族・集団／宗教と信仰形態／祭り／生業／
動物とその恵み／植物とその恵み／食品類と嗜好品／伝統文化・社会の継続と変容／
学術領域と学問分野／研究手法および関連用語／事項／人名

●異文化 (他者) に向き合う姿勢と方法

か

価値 102, 114
　互いの存在──を認め合う 102
　多様な──を認める 114

価値観 49, 61, 96, 114, 117
　──を反映 (する言葉) 96
　──をゆるがす 49
　欧米的──の影響 61
　経済以外の── 117
　多様な──を知っておく 114
　ローカルな── 114

寛容性 109, 115
　──がなくなる 109
　──は失われる 109
　──を養う 109
　多様性と──を兼ね備える 115

客観的 21, 110, 114
　──に (とらえる／みる視点) 110, 114
　──に比較をする 21

共通性 28, 35, 41, 46, 62
　──と相違 35
　──の背景や理由を考える 46
　語彙に (みえる)── 62
　文化の── 28
　文化を超えた── 41

個別 27, 46, 59, 62
　──化に向かってしまう 59
　──性に目が向きがち 62

　──の「面白い」話から一歩進めて 46
　──の事物を関係づける 62
　──文化の理解にとどまらない 27

さ

自己肯定感 (の弊害) 110
質的なデータ (を総合する) 60-61
全体像 29, 62
　──より共通性・個別性に目を向けがち 62
　──を把握 29
　社会の──を十分に理解する 29

総合 61, 63
　──する力を養う 63
　(質的なものを)──する 61

総合的 29, 42, 43, 61
　──にみる 61
　コミュニティを──に捉える 29
　人間というものを──に考える 43
　(「人とは何か」を)──に読み解く 42

相対化 10, 21, 43, 109, 113, 115
　──しながら調査 21
　自分の文化を──する 113, 115
　文化を──する視点 109
　文化を──するまなざし 43

た

多様 23, 24, 60, 69, 109, 114, 115
　──性と寛容性を兼ね備える 115

131

――性を確保する 23
――性を学び――な価値を認める 114
（文化が）――（であることを理解する） 69
（文化の）――性の理解 109
（ランキングでは測りきれない）――性 60
（文化の）**特殊性** 59

は
批判的 82, 109
　自己――に考える 82
　（自文化に対する）――な視点 109
文化相対主義 49, 110
（一つの文化を育む）**閉鎖性** 117

●世界の国、地域・海域、地名

ア
アメリカ 10, 67, 78, 80, 81, 101
アラスカ 13, 41
イギリス（大英帝国） 58, 65
インド 12-13, 28, 57, 58, 65, 85-94, 110
エクアドル 72
エジプト 57

カ
カナダ 41, 78
カリブ／カリブ海 11, 14, 76
韓国 108
ケニア 11
コンゴ民主共和国 34, 35

サ
シベリア 16-17, 28, 33, 41, 70, 72, 73
ジャマイカ 10, 76-78
ソビエト（連邦） 16, 28, 33, 41, 69, 70, 72-73

た／タ
タンザニア 11
チベット 28, 42, 47-50, 55
中国 23, 47-50, 59, 66, 72
　―― 四川省シャルコク地方 23, 47-50
　―― 四川省のチベット族居住地区 66
ドイツ 73, 107, 117
トロブリアンド諸島 10

ナ
ネパール 55, 60, 65
ノルウェー 13

ハ
パプア・ニューギニア 12
フィジー 56
フィンマーク（ノルウェー） 13
ブータン 55, 117
フリースラント 73
プンラップ（ミクロネシア） 34-37
ペルー 72
ベルリン（ドイツ） 107
ボンベイ（＝現ムンバイ、インド） 86

マ
ミクロネシア 34
ミュンヘン（ドイツ） 107
メキシコ 56, 80
モンゴル 59

ヤ
ヤクーツク 17, 33, 71

ラ
ラダック 33, 40
ロシア連邦 28, 33, 71-73

●日本の地域、地名

あ
一乗谷（福井県） 123
大阪 107, 109

大津（滋賀県） 57
沖縄 29-38, 80-81

か／カ
金沢　14, 104-118, 119-127
歌舞伎町（東京都・新宿）54
京都　107, 119-127
高知　59, 124
コザ（沖縄県）80, 81

さ
白峰村（石川県）104-105

た
東京　105, 107, 111-112, 115-118
富山　111-112

は
波照間島（沖縄県）30-31, 34-38
鳩間島（沖縄県）30-32, 34-38
福井　111-112
北海道　15, 39

ま
宮古諸島（沖縄県）29-30

や
八重山諸島（沖縄県）29-32, 34-38
山口　123

●民族・集団

ア
アイヌ　17, 28, 39-41

カ
グイッチン　13, 41
クリー　41
グルン　65

サ
サーミ　13
サハ　16, 17, 19, 28, 33, 40, 41, 70-72

タ
チュクチ　72
テンボ　63

ナ
ニンドゥ　18, 34, 35, 63
ネネツ　72

ハ
ハンティ　16, 18, 19, 33, 41, 70-72
フリース人　73

マ
マタギ　15

ラ
ラダッキ　28

●宗教と信仰形態

ア
アニミズム　28
イスラム／イスラーム　41, 57, 93

カ
キリスト教　57

サ
ジャイナ教　110

シャマニズム　28, 41, 65
シャマン　17, 28, 65

ハ／は
バクティ　57-58
ヒンドゥー　57, 90, 93
仏教（チベット仏教、韓国仏教）49, 65, 108, 117
ボン教（徒）47, 49

133

●祭り

ウセフ祭り（夏至祭り）41, 71
オクトーバーフェスト 107
シチ（節）祭り 27, 31

豊年祭り 38
ホーリー 88
盆祭り 38

●生業

漁撈／漁猟／漁 17, 18, 28, 33, 40, 70, 72
採集 18, 28, 33, 40, 65, 70
狩猟 15, 17, 18, 28, 33, 40, 65, 70, 72, 104

牧畜 69, 71
農耕 34

●動物とその恵み

ア

イノシシ 105
ウシ 17, 28, 70
ウマ 17, 28, 70, 71

か／カ

カリブー 13
クジラ 40, 56
クマ 15, 40, 105

サ

サケ 13
サル 61, 105
サンゴ 59
シカ 105

タ

タカラガイ 56
チベット犬 59
トナカイ 13, 18, 33, 70, 71, 72

●植物とその恵み

ア

アイダクグ 37
アカギ 38
アキノワスレナグサ 38
アダン 31, 32, 35, 36
イランイラン 91
イリオモテシャミセンズル 31, 38
インドジュズノキ 58
ウコン 37
オイジワ 37, 38
オオハマボウ 37
オオムラサキシキブ 38
オキナワウラボシ 37
オシロイバナ 37

カ

カニクサ 38
カワラヨモギ 38
キンモクセイ 87

クサスギカズラ 38
クサトベラ 35-37
ケイノコズチ 37
ゲットウ 38

サ

サトイモ 37
サトウキビ 37, 76
シマイボクサ 38
シマオオタニワタリ 37
ジャスミン 86, 89-91, 93
シャリンバイ 38
ジンチョウゲ 87
スイセン 87
スダジイ 38
スベリヒユ 38
ソテツ 31, 32, 37

た／タ
タイワンウオクサギ 37
ダンドク 37
ツルモウリンカ 38
ツワブキ 38
ディル 92
テリハボク 35-37
冬虫夏草 59
トゥルスィー（メボウキ）57, 58
トリカブト 40

ナ
ナシカズラ 38
ニガガシュウ 37

ハ
ハス 57
ハスノハギリ 35, 37
ハチジョウススキ 31
バナナ 37, 38
バニヤン（ベンガルボダイジュ）88
パパイヤ 37
ハマオモト 37, 38
バラ 89-91
ハルニレ 39-40
ヒメノアズキ 38

ヒメユズリハ 38
ビャクダン 89-91
ビロウ 31
フクギ 38
フクマンギ 38
ブッソウゲ 37
ベンガルボダイジュ（バニヤン）88
ボタンボウフウ 38

マ
マオ 37
マリーゴールド 90
マルバツユクサ 38
マンゴー 89
ミズガンピ 37
ムッチャガラ 38
メドハギ 38
モンパノキ 35, 37

ヤ
ヤエヤマアオキ 31
ヤエヤマハギカズラ 31, 38
ヤブツバキ 38

ラ
リュウキュウコクタン 38

●食品類と嗜好品

あ／ア
青じそ 92
アキノワスレナグサ 38
インスタント・ラーメン 55
ウコン 37
A & W ルートビア 80
お好み焼き 92

か／カ
加賀料理 126
カース 91
ガラムマサーラー 92
ギー 90
串揚げ 92

紅茶 19, 86
コーヒー 76, 91
コメ／ご飯 91, 92

サ
サトイモ 37
サトウキビ 37, 76
シマイボクサ 38
スベリヒユ 38

た／タ
たこ焼き 92
タコライス 80
出汁 92

135

タバコ 19, 40, 92
ツァンパ 48
ディル 92

は／ハ
バースマティー 90
バター 19, 48, 90
バナナ 37, 38
馬乳酒 19
パパイヤ 37
フキノトウ 91

ボタンボウフウ 38

ま／マ
マクドナルド 13, 23
マツタケ 92
マルバツユクサ 38
マンゴー 89
味噌汁 91

や
柚子 92

●伝統文化・社会の継続と変容
先住民 11-14, 17, 41-42, 72-73
伝統社会 11, 12
伝統的(な)生活／暮らし 12, 13, 14, 18, 70-72

伝統的文化 19
文化復興／伝統文化復興 16, 41, 42
未開社会 11

●学術領域と学問分野

ア
エスノ・サイエンス 28

か／カ
カルチュラル・スタディーズ 10-12, 14, 28
言語学 22, 66, 95-102

さ
社会学 28
宗教学 24, 28
人類学 10, 12, 23, 29, 42-43, 61
政治学 28
生態人類学 29

た
地域研究 28

は
比較文化学 10, 15, 22, 23, 24, 27, 43, 59, 60, 62, 64, 68, 73, 82, 94, 102, 104, 105, 113, 114
比較文化史 119-127
文学 22, 24, 28, 54, 99
文化人類学 10-12, 14, 19-21, 27, 28, 46, 65, 76, 82-83

ま
民族学 15, 22
民俗学／日本民俗学／都市民俗学 14, 15, 22, 104
民族植物学 29, 32, 34-36

ら
霊長類研究 61
歴史学 22, 24, 110

●研究手法および関連用語

ア
インタビュー 20, 78, 79, 81
インフォーマント 15

カ
カラーターム（色彩語彙） 62
KJ法 60, 62
語彙素分析法 36
コーパス 66

136

さ

サピア・ウォーフの仮説 39
参与観察 10, 20, 28, 83

な／ナ

認知的アプローチ 96
ネイティブ・アンソロポロジスト 21

は／ハ

ビリヤードボール・モデル 100-101
フィールドワーク 20, 28-29, 47-50, 63, 66, 76-83
　　　——の必需品 66
文化の三角測量 51, 64

ま／マ

民族誌（研究） 62, 83
モノグラフ（研究） 15

●事項

あ／ア

アガルバッティ 90
空き家 113
アニメ 52, 67
アルミニウム 76-77
イオン 113
インターネット 67-68
映像（画像） 68
SNS 108
エッセンシャルオイル 89
近江町市場 106-107
オーデコロン 91, 93-94
オキナワン・ジャズ 80
　　　——ロック 80-81

か／カ

加賀百万石 120, 125-127
カースト 89
過疎 113
カマング 90
観光 76, 77, 105-108, 123-124
（歴史的）記憶 125-126
基地 80-81
キュレーター 68
金 72
クレオール 11
グローバル化 11, 15, 16, 24, 26-28, 42, 51,
　　　54-55, 60, 65
ケガレ 50, 105
ゲル 88
県民性 112, 117

兼六園 52, 126
香油 89
高齢化 113
小江戸 120-127
国立民族学博物館（民博） 22, 54
国家 13, 65, 69, 71-73, 117

さ／サ

在日外国人／外国人 54, 111
サブカルチャー 11, 14
三世代同居 112
シチカズラ 31
ジー・ビーズ 55
呪医 63
獣害 105
数珠 57-58
出生率 112
小京都 120-127
『少将慈幹の母』 99
女性の就業率 112
人口減 113
ステレオタイプ（ステロタイプ） 67, 77
ストロー現象 115
スブハ 57
スメハラ 87
石油 13, 19, 72
全国京都会議 123
『千と千尋の神隠し』 68

た／タ

ダイヤモンド 72

137

タスパ 57
チベットの死者の書 49
鳥葬〈天葬〉 50
築地市場 107
ディスカバー・ジャパン 123

な／ナ
錦市場 107

は／ハ
パフュームオイル 89
バラ水 89
パルコ 115
バルド 49
ピジン語 11
ビーズ 55-59
ヒマラヤン・ダイアローグ 65
福井モデル 112
プージャー〈礼拝〉 90
ブッシュ・フード 41
プルースト現象 86
米軍 80-81
ペーパー・ビーズ 56
ボーキサイト 76-77

北陸新幹線 105-106, 113-115
ポスト・トゥルース 67
ポップ・カルチャー 11
ポピュラー音楽 11, 80

ま／マ
マルクス主義 16, 70, 73
マントラ 57, 58
ミシュランガイド 60
ミスバハ 57
三越 115, 125
持ち家比率 112
モンスーン 88

や
遊廓 105

ラ
ランキング 60-61, 111
レゲエ 76
ロザリオ 57
ロサル 49
ロック 80-81

●人名

あ／ア
アイエンガー, シーナ 101
有沢武貞 120
安西徹雄 99
池上嘉彦 100
ウィッター, マイケル 77
ウォーフ, ベンジャミン 39
小木新造 120, 121

か
川喜田二郎 60, 62
川田順造 51, 64
ガーンディー, マハートマー 89
黒澤明 102
小林忠雄 120
コンクリン, H.C. 36

さ／サ
サピア, エドワード 39
渋沢敬三 104
下出積與 121
シャンカル, ラヴィ 89
ジュニヤーネーシュヴァル 58
ジョージ紫 81

た／タ
田中喜男 120
谷崎潤一郎 99
俵屋宗達 125
千葉徳爾 104
富田主計 124
外山滋比古 99
トランプ, ドナルド 13, 67

は／ハ

初島住彦 30
プルースト，マルセル 86
ホガート，リチャード 10
ホール，スチュアート 10
ボンドパッダエ，ビプティブション 89

ま／マ

（前田）綱紀 125
（前田）利為 125
松尾芭蕉 19
マハーヴィーラ 110
マリノフスキー，B 10
宮崎友禅斎 125
宮田登 14
宮永栄一 81
村井康彦 123

紫〈ロックバンド〉 81
室生犀星 120

や／ヤ

柳田國男 15
山口昌男 14
山出保 116
米山俊直 78

ラ

ラームダース 58
リンネ 31
レイ，サタジット 89

A～Z

Hinds, John 98

編者・執筆者一覧

池谷 和信(いけや かずのぶ)

- ◉所属……国立民族学博物館人類文明誌研究部教授・
  総合研究大学院大学文化科学研究科教授(併任)
- ◉専門……環境人類学、アフリカ研究、人文地理学、生き物文化誌学
- ◉研究テーマ……日本とアフリカを中心として、生き物と人との相互関係の研究を行っている。「狩猟採集民」を中心にすえた地球環境史の構築を目指している。
- ◉主な著書(論文)
- ●『山菜採りの社会誌——資源利用とテリトリー』(単著、東北大学出版会、2003年)
- ●『地球環境史からの問い　ヒトと自然の共生とは何か』(編著、岩波書店、2009年)
- ●『人間にとってスイカとは何か——カラハリ狩猟民と考える』(フィールドワーク選書 5)(単著、臨川書店、2014年)
- ●『狩猟採集民からみた地球環境史——自然・隣人・文明との共生』(編著、東京大学出版会、2017年)

川村 義治(かわむら よしはる)

- ◉所属……金沢星稜大学人文学部教授
- ◉専門……英語教育
- ◉研究テーマ……認知的観点から英語のスキルの向上を考察する
- ◉主な著書(論文)
- ●『異文化理解の座標軸——概念的理解を越えて』(淺間正通(編著)、分担執筆、日本図書センター、2000年)
- ●『民族から見たアメリカ社会』(Robert Muraskinとの共著、成美堂、2004年)
- ●『英語で世界に橋を架けよう』(リンチ・ギャビンとの共著、南雲堂、2015年)

小磯 千尋（こいそ ちひろ）

◉所属……金沢星稜大学教養教育部教授

◉専門……インドの宗教・文化

◉研究テーマ……ヒンドゥー教におけるバクティ、マハーラーシュトラ地域研究、インド食文化

◉主な著書（論文）

・「中世バクティ詩人にみる浄・不浄観」（『金沢星稜大学人文学研究』1（1）: 59-69、2016年）

・「インド——ヒンドゥー教とジャイナ教」（南直人編『宗教と食』（食文化フォーラム32）所収、ドメス出版、2014年）

・『ヒンディー語のかたち』（白水社、2013年）

・『世界の食文化8 インド』（小磯学と共著、農山漁村文化協会、2006年）

小西 賢吾（こにし けんご）

◉所属……金沢星稜大学教養教育部准教授

◉専門……文化人類学

◉研究テーマ……宗教実践からみる地域社会・共同体論。チベット、ボン教徒の民族誌的研究

◉主な著書（論文）

・『四川チベットの宗教と地域社会——宗教復興後を生きぬくボン教徒の人類学的研究』（風響社、2015年）

・"Inter-regional relationships in the creation of the local Bon tradition: A case study of Amdo Sharkhog," *Report of the Japanese Association for Tibetan Studies*（『日本チベット学会会報』60: 149-161、2014年）

・「興奮を生み出し制御する——秋田県角館、曳山行事の存続のメカニズム」（『文化人類学』72（3）: 303-325、2007年）

Achim Bayer（アヒム・バイヤー）

●所属……金沢星稜大学人文学部准教授

●専門……仏教学、比較文化学

●研究テーマ……仏教思想史、仏教倫理学、現代仏教、比較文化

●主な著書（論文）

- *The Theory of Karman in the Abhidharmasamuccaya*（Tokyo: International Institute of Buddhist Studies、2010年）
- "The Ethics of Kingship and War in Patrul Rinpoche's Words of My Perfect Teacher and the Last Buddhist Rulers of Derge"（In Charles Ramble and Jill Sudbury, eds., *This World and the Next: Contributions on Tibetan Religion, Science and Society*, Proceedings of the Eleventh Seminar of the International Association for Tibetan Studies, Königswinter 2006. Andiast, Switzerland: IITBS（International Institute for Tibetan and Buddhist Studies GmbH）pp. 81-106、2012年）
- "School Affiliation of the Abhidharmasamuccaya in the Light of Tibetan Scholasticism"（*Bojo Sasang, Journal of Bojo Jinul's Thought*, 36: 55-96、2011年）

本康 宏史（もとやす ひろし）

●所属……金沢星稜大学経済学部教授

●専門……日本近代史・地域史・産業史

●研究テーマ……石川県を中心とした北陸地域の近代的展開

●主な著書（論文）

- 『イメージ・オブ・金沢──"伝統都市"像の形成と展開』（編著、前田印刷出版部、1998年）
- 『石川県の歴史』（高沢祐一、東四柳史明、橋本哲也、川村好光との共著、山川出版社、2000年）
- 『軍都の慰霊空間──国民統合と戦死者たち』（吉川弘文館、2002年）
- 『からくり師大野弁吉の時代──技術文化と地域社会』（岩田書院、2007年）

山田 孝子（やまだ たかこ）

- ◉所属……金沢星稜大学人文学部教授／京都大学名誉教授
- ◉専門……文化人類学、比較文化学
- ◉研究テーマ……チベット系諸民族の宗教人類学的・民族誌的研究、琉球諸島・ミクロネシアの自然誌の研究、アイヌ研究、シャマニズム、文化復興、エスニシティ
- ◉主な著書（論文）
  - *Migration and the Remaking of Ethnic/Micro-Regional Connectedness*（Senri Ethnological Studies no. 93、Toko Fujimotoとの共編著、Suita, Osaka: National Museum of Ethnology、2016年）
  - 『南島の自然誌——変わりゆく人‐植物関係』（昭和堂、2012年）
  - 『ラダック——西チベットにおける病いと治療の民族誌』（京都大学学術出版会、2009年）
  - *The World View of the Ainu: Nature and Cosmos Reading from Language*（London: Kegan Paul、2001年）
  - *An Anthropology of Animism and Shamanism*（Bibliotheca Shamanistica, vol. 8、Budapest: Akadémiai Kiadó、1999年）
  - 『アイヌの世界観——「ことば」から読む自然と宇宙』（講談社（選書メチエ）、1994年）

James E. Roberson（ジェームス・ロバーソン）

- ◉所属……金沢星稜大学人文学部教授
- ◉専門……文化人類学（日本研究）
- ◉研究テーマ……日本における仕事や男性性、戦後沖縄のポピュラーミュージック
- ◉主な著書（論文）
  - *Japanese Working Class Lives*（Routledge、1998年）
  - *Men and Masculinities in Contemporary Japan*（共著、Routledge Curzon、2003年）
  - *Islands of Discontent*（共著、Rowman & Littlefield、2003年）
  - 『仕事の人類学』（共著、世界思想社、2016年）
  - 「『沖縄』を描くということ」（桑山敬巳［編著］『日本はどのように語られたか——海外の文化人類学的・民俗学的日本研究』所収、昭和堂2016年、pp.115-149）

シリーズ 比較文化学への誘い1
比較でとらえる世界の諸相

2017年10月11日　初版第1刷発行
2019年4月28日　　　第2刷発行

編　著 ─── 山田孝子・小西賢吾

発行者 ─── 松下貴弘
発行所 ─── 英明企画編集株式会社
　　　　　　〒604-8051 京都市中京区御幸町通船屋町367-208
　　　　　　電話 075-212-7235
　　　　　　https://www.eimei-information-design.com/

ブックデザイン ─ SEIMO-office

©2017　Takako Yamada, Kengo Konishi
Published by Eimei Information Design, Inc.
Printed in Japan　ISBN 978-4-909151-01-8

◉価格はカバーに表示してあります。

◉落丁・乱丁本は、お手数ですが小社宛てにお送りください。送料小社負担にてお取り替えいたします。

◉本書掲載記事の無断転用を禁じます。本書に掲載された記事の著作権は、著者・編者に帰属します。

◉本書のコピー、スキャン、デジタル化等の無断複製は、著作権法上での例外をのぞき、禁じられています。本書を代行業者等の第三者に依頼してスキャンやデジタル化することは、たとえ個人や家庭内の利用であっても、著作権法上認められません。